Paris voici Paris !
PAR
GUSTAVE
COQUIOT

PARIS,
VOICI PARIS !

DU MÊME AUTEUR

Les Féeries de Paris. (*Dessin de R. Carabin.*)

Les Soupeuses. (*Dessins de George Bottini.*)

Le vrai J.-K. Hüysmans. (*Dessin de J.-F. Raffaëlli.*)

Poupées de Paris.

Henri de Toulouse-Lautrec. (*Avec des illustrations.*)

Le vrai Rodin. (*Avec des illustrations.*)

THÉATRE

(Seul ou en collaboration.)

M. Prieux est dans la salle !

Deux heures du matin... quartier Marbeuf.

Hôtel de l'Ouest... chambre 22.

Une nuit de Grenelle.

Sainte-Roulette.

En préparation :

Les Pantins de Paris. (*Avec des illustrations de J.-L. Forain.*) A. Blaizot, éditeur.

Pierre Bonnard. (H. Floury, éditeur.)

Rodin. (Bernheim-Jeune, éditeurs.)

ÉVREUX, IMPRIMERIE CH. HÉRISSEY, PAUL HÉRISSEY, SUCC^r

GUSTAVE COQUIOT

PARIS, VOICI PARIS !

SIXIÈME ÉDITION

PARIS

Société d'Éditions Littéraires et Artistiques

LIBRAIRIE PAUL OLLENDORFF

50, CHAUSSÉE D'ANTIN, 50

IL A ÉTÉ TIRÉ A PART

5 exemplaires sur papier de Chine.
20 exemplaires sur papier de Hollande.

Numérotés à la presse
de 1 à 25.

Paris, voici Paris!

Certes, en dépit de tous les guides, en dépit de tous les géographes du Monde, malgré tous les historiens et tous les statisticiens, Paris n'est point du tout la ville que l'on croit, agrémentée d'un fleuve et de vaines fortifications. Ses arrondissements, une vingtaine, raconte-t-on, qu'est-ce que cela encore ? Ses boulevards extérieurs, qui en parle ?

Non ! Paris, ce n'est point tout cela ; — et c'est beaucoup plus !

C'est quelque chose de chaotique, d'hallucinant, de féerique et d'unique ; et *ça* tient dans un carré de maisons et d'avenues grand comme la main. Vous écoutez le mot *Paris !* et, tout de suite, vous n'évoquez rien de plus que ce carré-là, centre privilégié du Monde, oasis de merveilles, caravansérail universel, Mecque de toutes les voluptés !

Tenez, vous êtes Parisien, eh bien ! essayez de dépasser le carrefour de la rue Montmartre, quand vous venez de l'Opéra. Quoi? Vous n'y parvenez pas ! Qu'est-ce qui vous retient donc en deçà ? Quelle chose impérieuse, sans réplique ? Eh bien, c'est, soudainement, l'ennui, oui, l'ennui de tomber en pleine Province, — et cet ennui-là, vous n'osez pas l'affronter !

Un jour — vous vous en souviendrez toujours ! — vous avez voulu quand même doubler ce redoutable cap. Ah ! quelle malencontreuse idée !

Les restaurants vous ont semblé vieillots, les terrasses de cafés déshonorantes. Vous n'étiez plus en cinq minutes un Parisien ; mais un hôte de ville provinciale, — quelque chose comme un retraité, ou bien encore un fonctionnaire qui se rend, mélancoliquement, à son bureau. Un ami, égaré lui aussi, dans ce territoire maudit, vous n'avez pas osé le saluer, de peur de réunir vos deux hontes. Vous avez détourné la tête, comme pris en faute ; vous vous êtes enfui !...

Vous vous souvenez aussi de cet aspect de la rue : plus de mines de flâneurs ou d'oisifs, plus de ces bons gourmets de la vue et de l'odeur de Paris; rien que des gens hâtifs, poussés aux reins par les affaires.

Les boutiques elles-mêmes ne ressemblaient plus à leurs sœurs du Boulevard; elles n'avaient plus ces jolis visages façonnés par d'ingénieux étalagistes; elles étaient renfrognées, mal parées, rébarbatives pour tout dire. On y sentait le pas apprêté, la bonne franquette des commerces pacifiques et résignés, le va-et-vient des jours tous pareils, sans galas et sans fioritures. C'était, en un mot, le vrai train-train d'un chef-lieu, et rien de plus!

Bien vite, alors, vous avez rebroussé chemin; et, tout aussitôt, votre flânerie — replantée au Boulevard — a poussé gaie, alerte, attentive et curieuse.

Ici, rien ne vous a plus retenu de bayer aux étalages, d'avoir l'air de prendre au vol des notes concernant des livres ou des chapeaux. Bien mieux, quelques passants qui se hâtaient évidemment vers des bureaux, vous les avez trouvés souriants, contents de vivre; — et cette savoureuse impression, vous l'avez conservée jusqu'à l'Arc-de-Triomphe, en suivant les boulevards, et la rue Royale; en apercevant en route l'ardente animation de la rue de la Paix.

Voilà le nouveau Paris qui vous est offert. Ah! vous êtes loin de l'ancien *Boulevard de Gand!* C'est qu'alors, on ne « sportait » guère; et il fallait bien raccourcir les étapes, d'un café Parisien à un autre café Parisien. Aujourd'hui, on « marche »; et le Pousset semble toucher le Fouquet's. Vous avez maintenant ce long ruban-là pour parader.

Les guides, c'est certain, — ces conseilleurs sont sans pitié! — essayeront de vous promettre d'autres merveilles. Ne les croyez pas, si vous voulez « rester sur la bonne bouche »! Ou connaissez seulement de nom — cela suffira bien! — quelques-uns de ces Kamtchatkas, qui contiennent, c'est possible! des attractions, — mais pour les seuls Provinciaux, mangeurs de tous spectacles.

Du reste, à vous qui ne recherchez que le suc de Paris, que vous importe toute sa tragique et comique Histoire? Quel besoin avez-vous de connaître les « Trois Journées' de juillet », par exemple? Aimez Paris là seulement où votre flânerie est admise, aisée, élégante. Ailleurs, tout ce Paris qui travaille vous reprocherait votre oisiveté.

Au contraire, de l'Arc-de-Triomphe à la rue Montmartre, on trouvera toujours bon que vous goûtiez, le nez au vent et les yeux allumés, l'incomparable charme de la plus merveilleuse ville du Monde.

Goûtez-la, dès le matin, aux Champs-Elysées, rue Royale et au Boulevard de la Madeleine, surtout, ce Boulevard si parisien qu'il en est unique !

Comme la flânerie y est légère, amusée d'un rien, de tout, des magasins coquets — et, sur l'heure de midi, des gamines de la couture et des modes qui essaiment de toutes les portes !

C'est là que vous rencontrerez aussi tous les Parisiens et toutes les Parisiennes : ceux et celles que l'on a vus hier — et tous ceux et toutes celles aussi qui reviennent de longs voyages — et que l'on avait déjà oubliés.

Paris, voici Paris ! Oui, il est là, tout entier sur ce Boulevard, — et aussi dans cette rue de la Paix, si vivante et si tapageuse, grâce à vous, tous les idiomes et tous les dialectes !

Paris du matin, Paris du soir ! Paris, à l'heure où tombent les fins de journée, que

vous êtes adorable encore quand les premières lueurs s'allument, — Paris tout à
l'heure de la nuit, qui va être pour beaucoup surtout alors Paris, le vrai Paris!...

C'est un héros mondial; et, comme tel, il n'est point du tout nécessaire qu'il ait trouvé son origine à Paris.

Il peut venir de l'Amérique, de l'Asie ou de l'Afrique.

Il est, par définition, un Parisien, dès qu'il est acclimaté à Paris.

Le Parisien, certes, est quelquefois né à Paris; mais on a vu des indigènes du Yucatan devenir, au bout de quelque temps, plus Parisiens que des êtres nés rue Marbeuf ou au quartier Caumartin. C'est une simple question d'assimilation, rien de plus! Tous les vrais Parisiens se souviennent ainsi d'un général chinois, qui, devenu à son tour très Parisien, ripostait aux cochers incivils dans un langage tout à fait du cru.

Être Parisien, c'est connaître les usages parisiens, s'habiller bien, avoir des relations mondaines, fréquenter les hôtels et restau-

rants à la mode, les spectacles impo-
sés, etc., etc., en un mot, c'est faire figure
d'oisif notoire au moyen d'un chiffre suffisant de rentes.

A ce compte-là, on voit bien que l'origine n'a évidemment rien à faire ici. Jadis,
l'élégance personnelle, le beau visage, un
ensemble de belles vertus héroïques, for-
maient des appoints; aujourd'hui que nous
avons changé tout cela, toutes ces choses-
là — que mettaient en si admirable parade
un Brummel ou un comte d'Orsay, — toutes
ces choses-là, disons-nous, constituent
maintenant des cotes inutiles. Il est permis d'organiser des fêtes très parisiennes
avec des yeux ternes et une élégance de
commis. Cela se voit et cela se verra désormais longtemps.

C'est que pour former un Parisien, il y a
présentement des contraintes étroites, un
code strict de l'élégance, tout un ensemble
de commandements, que mille journaux
de modes, avisés ou sots, rabâchent à
l'envi. Toute la vie ainsi est réglée. Pas
d'à-coups! Un roi seul pourrait déterminer
là dedans une fâcheuse révolution; mais les
rois, on le sait, sont fort occupés — autrement — pour le quart d'heure!...

Il y a des périodes historiques où les Parisiens, dignes de ce nom, reconnaissent un chef, un arbitre de toutes les élégances. Dans ces moments bénis, la vie est bien adorable! Oui, savoir exactement comment il faut s'habiller, se chausser, se coiffer; savoir comment il faut choisir ses cannes, ses gants; savoir ce qu'il faut exactement répondre quand on vous parle musique, théâtre ou concours hippique; savoir les plats qu'on doit choisir et ceux que l'on doit dédaigner; être un sujet discipliné, hiérarchisé, — et voir son dieu qui passe! Quelle félicité! Et combien la vie élégante ainsi comprise est la plus aimable et la moins compliquée des conditions de la vie humaine!

Mais, par-dessus tout et avant toutes choses, le Parisien doit poncer sa culture, s'il en a une, et n'en laisser voir que des facettes.

En effet, comment le jugerait-on s'il avouait qu'il connaît, même par à peu près, le musée du Louvre? Au contraire, il peut, il *doit* même, pour l'instant — encore un instant historique! — afficher des connaissances sportives; et, dans ce cas, mais dans ce cas seulement, on lui permettra de citer

Nietzsche ou les plus impressionnants rudiments de la philosophie de M. Bergson.

C'est, en somme, on le voit, une simple question de nuances, très à la portée de tous.

Aussi, depuis les extrêmes facilités des voyages et des déplacements, il y a beaucoup plus de Parisiens qu'autrefois. Et puis tout s'en mêle : on verra plus loin en effet, qu'on peut être très Parisien, tout en étant et surtout en étant habillé par un tailleur londonien.

Le tout n'est que de s'entendre, après tout !...

La Parisienne.

O PARISIENNES ! Vous n'êtes rien peut-être par vous-mêmes, mais vous êtes tout par Paris ! C'est Paris qui vous donne l'estampille, qui vous transforme, qui fait de vous le bibelot fragile, craquant, cassant, le bibelot qui va cependant à tous les feux, le bibelot enfin adorablement inutile et léger qu'on appelle la Parisienne. Et le miracle, le seul de notre temps futile et sceptique, c'est que c'est Paris seul qui fait cela, cette transformation étonnante, radieuse, et cela tous les jours et quels que soient les drames ou les comédies qui secouent la ville. Oui, c'est Paris, Paris seul qui est le grand magicien ! Car vous que l'on appelle des Parisiennes, n'êtes-vous pas accourues de tous les coins de la Terre ? Américaines, Anglaises, Asiatiques, Africaines, le dessus du panier, j'entends ! Et il n'a fallu à Paris qu'une ou deux saisons pour faire de vous des Parisiennes.

Que vous veniez même des provinces les plus barbares de la France, de l'âpre Auvergne ou de la farouche Bretagne, si vous êtes susceptibles de recevoir l'empreinte, c'est une chose faite : Paris opérera le miracle. Chenille d'hier, vous serez le papillon de demain aux ailes flamboyantes. Vos yeux qui s'effarouchaient devant la lumière, brilleront désormais tout grands devant les globes les plus aveuglants. Vos dents oseront sourire, toutes offertes et éblouissantes. Votre front aura la majesté altière des statues. Quelle apothéose ! Votre mère elle-même ne vous reconnaîtrait plus ; elle battrait des mains de vous voir changée ainsi au creuset de Paris ! Vous avez été un lingot fruste, vous ressortez bijou ciselé par toutes les Grâces. O merveille !

Vous êtes enfin, pour tout résumer, *l'article de Paris !*

L'article de Paris ! C'est, vous le savez, dans tout un bazar, la chose la plus déconcertante et la plus folle. Vous prenez l'article en mains : prêt à toutes les épreuves, il paraît n'être pas fini ; et il est cependant, si on l'observe, parfaitement au point. Cela a l'air de ne pas tenir et cela se jette par terre, impunément. Il y a peu de matière et néanmoins tout y est. Cela paraît une chose de pur hasard, et pourtant c'est raisonné. On se dit encore qu'on aurait pu fabriquer cet article autrement, avec plus de logique, mais l'on ne sait exactement comment... Comme il y a peu de couleurs! et, tout de même, elles y sont toutes, mais en symphonie! C'est petit et ça se voit de très loin. C'est preste, délicat, fin! C'est robuste et vif! C'est, allons, la chose la plus bizarre et la plus dangereuse, la plus incompréhensible et la plus inquiétante : c'est l'article de Paris!

Eh bien, la Parisienne est le plus complet de tous les articles de Paris! Elle en est, certes, le plus considérable, le plus amusant et le plus merveilleux. Tâchez d'imaginer quelque chose de plus extraordinaire, et vous n'y arriverez pas ; les plus rares bibelots, les plus inattendues créations des artistes du Nippon, par exemple, n'approchent pas de la Parisienne, bibelot créé, forgé de toutes pièces par Paris.

Mais aussi quelle vie ardente, expressive, constante, est la sienne! Chaque jour, vous scrutez et notez la même frénésie. Parfait étonnement!...

Becque et quelques cruels auteurs dramatiques l'ont, certes, malmenée, la Parisienne.

C'est peut-être qu'ils ont trop pris au sérieux cet oiseau léger, sautillant, jacassant, colibri ou perruche, qui remue dans sa cervelle — non pas des jeux de loto, comme l'avançait un poète, — mais des patientes combinaisons de toilette, de thé, de spectacles et de parade.

C'est peut-être aussi qu'ils n'ont pas voulu la voir telle qu'elle est : un épouvantail seulement pour les ingénieurs de Georges Ohnet ou pour les héros de Marcel Prévost.

Si ces intéressants prototypes masculins la laissaient, du reste, faire la roue tout à son aise, qu'ils soient assurés que, bien que Parisienne, elle passerait sans trop de dommage dans leur vie. Mais voilà, ces messieurs veulent apporter de ridicules, de discrètes observations — qu'ils tiennent de leurs chères mères, oubliées là-bas, en province; — et cela engendre les pires catastrophes. Comme si, en effet, Polytechnique

préparait à comprendre quoi que ce soit
aux mille ingéniosités des couturiers !

Ah ! s'ils savaient, ces X ! combien le
moindre, le plus léger avis du couturier
détruit, en un tour de main, tout l'ensemble
de leurs plus solides arguments !

Un mot du dieu, et, hop ! tout s'écroule ;
et c'est alors fini pour toujours : l'oiseau, le
colibri ou la perruche, n'entendra plus
rien, ne supportera plus la moindre critique, hors du temple !...

. . . .

Charmant oiseau d'ailleurs !

Dès son lever, la Parisienne va à la bataille. A peine éveillée, la gracieuse femme
songe à sa toilette. Eberluée et un peu fripée de sommeil, elle retrouve avec un sourire son cabinet, tout blanc, tout rose, où
toutes dentelles et toutes glaces la reprennent.

Quel arsenal ! Tous les flacons, tous les
parfums du monde, sont apprêtés là et mi-
roitent des mille feux de leurs cristaux. Sur
la coiffeuse, que de brosses, que de peignes
et de délicats outils ! Jamais table de chirurgien ne fut mieux préparée et plus ave-
nante ! L'atmosphère est ici légère et toute

chargée cependant de senteurs. Des fleurs s'alanguissent et de frêles estampes sourient. On respire avec bonheur et aussi avec un peu d'angoisse, comme dans les serres où vivent les plantes des tropiques.

La Parisienne, elle, est ici tout à son aise. Son cabinet de toilette est une chambre familière dont chaque objet l'enchante. Voici le large tub au milieu duquel, chaque matin, elle frissonne sous la brutale caresse de l'eau ; voici les éponges que l'on presse sur ses épaules, sur sa nuque cambrée et sur ses reins frémissants. Et voici les parfums qu'on vaporise sur sa gorge et sur l'élastique rondeur de ses seins !

Ah ! l'experte rouerie des filles de chambre ! Ce sont, elles, ces filles, qui d'un mot peuvent aiguiller pour toute la journée l'humeur des Parisiennes. Eloge ou blâme ? Ah ! ce n'est pas du tout ici la même chose. Pensez ! Une gorge dont on vante la durable fermeté, voilà tout le bonheur d'un jour. Car, ainsi que l'archevêque de Grenade, la Parisienne exige que sa fille de chambre lui dise toute la vérité ; mais celle-ci plus rusée que Gil Blas, sait la farder aussi habilement qu'elle sait transformer le visage de sa maîtresse.

Aussi, comme elle verra bientôt et toujours ses gages augmentés, cette adorable
fille, dont le jugement a eu vite fait d'ins-
pirer toute confiance, n'en doutez point.

La Parisienne a le goût de sa beauté. Il
est donc naturel qu'elle la cultive tous les
jours avec ivresse et lent artifice. Ah! le
regard épanoui qu'elle laisse s'attarder sur
toutes les choses de son cabinet! Quel
accessoiriste régla jamais avec plus de
science pareille mise en scène pour la glo-
rification de la chair!... O la beauté des
nuques au matin, la matité de la peau
encore un peu lasse de sommeil, les roses,
les bleus, les verts, les jaunes, tous les tons
fins et délicats qui émaillent d'amoureuses
couleurs le nu de la poitrine, des seins et
du ventre!

Les cheveux en broussaille, un mouvement preste les a tordus sur la nuque. Sur
les hanches, la chemise a glissé, et la voilà,
cette jeune femme, désirable comme un
fruit velouté, toute rose et toute nacrée
sous l'éclat de ses yeux, sous la fleur de sa
bouche, souriante ou si impertinente!

Mais le bain est préparé. Le pied, la
pointe en avant, tâte l'eau ; et l'exquise
courbe du dos s'efface, s'arrondit, tandis

que la double offrande des seins rayonne.
Alors il y a tout à coup dans la chambre
un autre parfum, plus entêtant, plus dévo-
rant celui-là ; et c'est, soyez-en assuré,
cette terrible odeur par quoi fut perdue
Troie, par quoi tous les bonheurs et tous
les malheurs de la terre sont consommés !
Oh ! ni les nards, ni les myrrhes ne peuvent
l'effacer, cette redoutable odeur ; elle s'at-
tache, elle s'imprègne aux murs, à tous les
objets du cabinet, comme le sang sur les
mains de lady Macbeth !

Ah ! les délicieuses heures du matin que
la Parisienne prolonge ! Constants désirs
d'être adorée !

Son bain, elle l'a voulu parfumé, bain de
rose, de benjoin ; bain fleuri de pétales ;
petites et grandes folies ; bain aussi quelquefois de Champagne et de spiritueux
même ; elle essaye la Parisienne, et tente
tout ce qu'elle a entendu vanter, tout ce
qu'on lui a enfin célébré, si elle tient à
conserver sa beauté.

Masseur, pédicure et manucure.
Le coiffeur du petit lever.

L E masseur a appris les rudiments de l'anatomie « superficielle », et il connaît les principes de la culture physique. C'est un beau gars qui en impose ; aussi la Parisienne, ses premières pudeurs apprivoisées, se livre-t-elle maintenant à ce luron, qui écrase ses pesantes et souples mains dans les plis les plus sacrés de la chair. Elle se donne toute à cet homme qui prolonge avec plaisir son travail. Comme il passe et repasse sur le dos, sur les cuisses, sur le ventre dont sa large paume cache toute la délicate soie !...

Que pourrait-elle redouter, la Parisienne? Si la lourde main appuie à un moment davantage ; eh bien ! c'est une louange encore à sa beauté ; et, d'ailleurs, tout le monde le sait, il est sage et prudent, ce

« caresseur ». S'il « se laissait aller », en effet, ne perdrait-il pas, en récidivant chez les autres, — car il en aurait vite le goût ! — toute sa chère clientèle ?... Du reste, ce rôle d'éternel « attoucheur » ne comporte-t-il pas, somme toute, de très sérieuses et suffisantes joies ?

Et puis il y a tous les mouvements de culture physique que quelques Parisiennes font maintenant chaque matin, à leur lever. C'est encore le masseur qui les commande ; et elles sont toutes nues alors, sans le plus léger voile. Qui eût dit cela, il y a seulement quinze ans ! se racontent les mères, effarouchées. C'est que certaines de leurs filles sont des « sportives », à présent ; et rien ne leur coûte pour garder leur souplesse. Chères femmes d'hier, où sont vos grasses matinées ? Le masseur les a toutes emportées ; et il les a remplacées par des flexions alternées du corps, les jarrets tendus ou par une suite de sauts à la corde. Ah ! ce professeur de culture physique est un personnage !

Le pédicure, lui, est moins enviable. La Parisienne ne bavarde pas avec ce praticien qui lui prépare les ongles, comme on cisèle un sonnet. Aussi avec quelle hâte ouvre-t-il et referme-t-il sa petite trousse, cet inférieur chirurgien !

La mode fut, pendant un temps, de recourir pour ces soins à des valets de chambre annamites ou chinois. Ces derniers, surtout, étaient d'extraordinaires tailleurs d'ongles. Prestement, sans qu'on s'en aperçût, les pieds étaient fignolés à merveille ; et le petit quarteron de demi-mondaines qui restaient — celles qui ne s'étaient pas encore faites actrices ! — recevaient alors, non pas sur une chaise percée comme M. de Fleury, mais assises dans leur baignoire, les pieds au-dessus de l'eau pour faire valoir l'excellence du travail !

Mais la manucure a fini par mettre en fuite ces pacifiques et silencieux fils du Soleil !

C'est que celle-ci est une exténuante jacasse, une infatigable raconteuse de potins et de cancans. Et, tous les jours, elle apporte dans son réticule provision de nouvelles histoires inventées au besoin, forgées de toutes pièces ; car la manucure se souvient si aisément qu'elle fut elle aussi autrefois, elle le jure ! « une grande dame ! ». Et les grandes dames sont elles aussi, au petit réveil, très familières. Elles la laissent donc bavar-

der tout son soûl, la manucure! et, comme
M. de Goncourt qui aurait tant voulu connaître les propos de l'office à la Cour de
Compiègne, elles sont avides, elles, des
cruelles histoires que valets et femmes de
chambre colportent sur leurs maîtres.

Et la manucure, par-dessus le marché,
« fait les cartes ». C'est cela le « bouquet
attendu », le principal objet de sa visite;
car ont-ils besoin tant que cela de soins ces
ongles si polis, si soignés, si raffinés jusqu'à
l'impossible ?... Il faut bien que la manucure donne un peu de bonheur, en mêlant
prestement ses cartes, comme un expert
joueur de bonneteau. Elle remplace Mme de
Thèbes, toujours si occupée par ses conversations avec l'archange Gabriel, — et qui,
du reste, ne se déplace jamais le matin.

Et la Parisienne rit, bat des mains! et les
cartes ne cessent plus de danser, de s'abattre:
trèfle et cœur! jusqu'au moment où la
fille de chambre vient annoncer avec cérémonie le coiffeur du petit lever, son Excellence le considérable grand Conseiller!

Ah! celui-là, qui le chantera convenable-
ment? Qui dira son prestige de matineux
coq?

Il est Edmond ou Edouard, ou encore le

bel Oscar, la « Terreur des filles de chambre »,
ou il s'appelle Charles le Frisé, celui que
ces dames réclament toutes près d'elles le
matin, qu'elles tutoient — quelquefois —
et qu'avec frénésie elles se disputent.

Ah ! jalousons-le, l'heureux homme ! Car
c'est lui qui, vraiment, de nous tous, voit
le premier, au sortir du bain, la Parisienne.

Toute parfumée, couverte seulement
d'un peignoir et esquissant son plus engageant sourire, voyez comme elle va se
livrer tout de go au Minotaure ! Celui-ci, le
fat ! y est habitué. Farouchement, il l'em-
poigne alors, il la cale dans le fauteuil et,
tout de suite penché sur sa nuque, il
l'étreint, il la fourrage et la ravage. Etour-
die, la Parisienne se laisse faire entre ces
doigts habiles et prodigieusement remuants.
Et lui, il sourit toujours. Son sourire se
répand en ondes, sur sa belle barbe cala-
mistrée et parfumée. Il arrondit les bras,
susurre des propos et il montre ses dents.
Ah ! quel artiste ! Il jongle avec ses peignes
et ses brosses ; il manie le fer à friser comme
un éventail ; il soulève la pointe de sa
barbe ; il paonne. Deux de ses clientes
sont tombées ce matin dans ses bras ; maris

et amants, veillez ! Le Minotaure réclame une troisième proie ?

Ah ! qu'il est chéri ! Et c'est justice ! Car jamais mieux on ne para les idoles, aux plus farouches heures des croyances. Quel prêtre fut plus passionné et plus amoureux, que ce Figaro qui mit au service de la Parisienne toutes les pâtes, tous les onguents et toutes les teintures. Qui mieux que lui, quand la mode l'impose, sait l'épiler ? Comme il est charmant, cet ingénieux et subtil chimiste ! Comme il idolâtre la Parisienne pour vouloir lui conserver sa jeunesse, la qualité de sa peau nacrée et le sortilège de ses yeux ! Et tout ce qu'il a inventé, ce pommadin, c'est toute la passionnelle histoire que suggère un cabinet de toilette avec l'étal de ses parfums, de ses odeurs, de ses crêmes roses ou blanches, de ses crayons bleus ou rouges !

Le maquillage et les Maisons de beauté.

Voici la Parisienne installée — enfin seule ! — devant son miroir. Sa peau dégageant maintenant — ô chair plus changeante que le ciel ! — une inexprimable senteur de fleur à l'aube, un peu plus épicée aux « goussets », un peu plus chaude sur la nuque, elle est alors suprêmement attirante !... Mais comme lentement elle se contemple !... Voyez, c'est toute une messe qu'elle dit à sa façon, un culte qu'elle rend à l'immortelle déesse, à la Beauté ! En cet instant-là, la Terre peut crouler ; elle ne pense vraiment qu'à elle seule. Elle est tout amour et tout bonheur !

Chaque coin de sa peau, qu'elle retrouve en le même état que la veille, l'enorgueillit. Elle s'aime d'être toujours aussi désirable. C'est Narcissa elle-même. Elle est pourtant pour elle seule une sévère enquêteuse, une impitoyable investigatrice. Ce n'est pas à elle qu'elle ment. Cloîtrée résolument maintenant dans son cabinet, avec les uniques artifices de sa toilette, elle se confesse à elle-même, durement, frénétiquement; et elle se passe toute en revue, depuis la racine de ses cheveux jusqu'aux ongles de ses pieds. — Voyons ce qu'a fait la journée d'hier ? Y a-t-il depuis douze heures une chose irréparable. Ouvrons les yeux tout grands, et regardons-nous, dit-elle, sans faiblesse.

Et, prête à réparer le plus léger stigmate, elle attend le résultat de son angoissant examen. Avec confiance, d'ailleurs ; car elle sait du maquillage l'irrésistible puissance.

Ah ! Le maquillage ! Les « cervelles de hameau » se sont-elles assez moquées de cette toute-puissante assistance à la beauté ; et, encore aujourd'hui, combien de maris et d'amants se privent volontairement du joli et piquant attrait qu'offre une femme maquillée avec art !

S'ils savaient !.. Aussi, Parisiennes dénuées d'arguments solides, quand sur ce point on vous attaque, je vais, pour vous, reproduire ici le magnifique éloge du maquillage que fit une fois un poète illustre. Vous le lirez à haute voix à vos amants et à vos maris, et ils seront ensuite, je l'espère, tout à fait convaincus :

« Il est une chanson, tellement triviale et inepte (dit Charles Baudelaire) qu'on ne peut guère la citer dans un travail qui a quelques prétentions au sérieux (l'*Art romantique*), mais qui traduit fort bien, en style de vaudevilliste, l'esthétique des gens qui ne pensent pas. *La nature embellit la beauté !* Il est présumable que le *poète*, s'il avait pu parler en français, aurait dit : *La simplicité embellit la beauté !* Ce qui équivaut à cette *vérité*, d'un genre tout à fait inattendu ; le *rien* embellit ce qui est.

« La plupart des erreurs relatives au beau naissent de la fausse conception du xviiie siècle relative à la morale. La nature fut prise dans ce temps-là comme base, source et type de tout bien et de tout beau possibles. La négation du péché originel ne fut pas pour peu de chose dans l'aveuglement général de cette époque. Si, toutefois, nous consentons à en référer simplement au fait visible, à l'expérience de tous les âges et à la *Gazette des Tribunaux*, nous verrons que la nature n'enseigne rien ou

presque rien, c'est à-dire qu'elle *contraint*
l'homme à dormir, à boire, à manger, et à
se garantir, tant bien que mal, contre les
hostilités de l'atmosphère. C'est elle aussi
qui pousse l'homme à tuer son semblable,
à le manger, à le séquestrer, à le torturer ;
car, sitôt que nous sortons de l'ordre des
nécessités et des besoins pour entrer dans
celui du luxe et des plaisirs, nous voyons
que la nature ne peut conseiller que le
crime. C'est cette infaillible nature qui a
créé le parricide et l'anthropophagie, et
mille autres abominations que la pudeur et
la délicatesse nous empêchent de nommer.
C'est la philosophie (je parle de la bonne),
c'est la religion qui nous ordonne de nourrir
des parents pauvres et infirmes. La nature
(qui n'est pas autre chose que la voix de
notre intérêt) nous commande de les assom-
mer. Passez en revue, analysez tout ce qui
est naturel, vous ne trouverez rien que d'affreux. Tout ce qui est beau et noble est le
résultat de la raison et du calcul. Le crime,
dont l'animal humain a puisé le goût dans le
ventre de sa mère, est originellement naturel. La vertu, au contraire, est *artificielle*,
surnaturelle, puisqu'il a fallu dans tous les
temps et chez toutes les nations, des dieux

et des prophètes pour l'enseigner à l'humanité animalisée, et que l'homme *seul* eût
été impuissant à la découvrir. Le mal se
fait sans effort, *naturellement,* par fatalité ;
le bien est toujours le produit d'un art. Tout
ce que je dis de la nature comme mauvaise
conseillère en matière de morale, et de la
raison comme véritable rédemptrice et
réformatrice, peut être transporté dans
l'ordre du beau. Je suis ainsi conduit à
regarder la parure comme un des signes de
la noblesse primitive de l'âme humaine.
Les races que notre civilisation, confuse et
pervertie, traite volontiers de sauvages,
avec un orgueil et une fatuité tout à fait
risibles, comprennent aussi bien que l'enfant, la haute spiritualité de la toilette. Le
sauvage et le baby témoignent, par leur
aspiration naïve vers le brillant, vers les
plumages bariolés, les étoffes chatoyantes,
vers la majesté superlative des formes artificielles, de leur dégoût pour le réel, et
prouvent ainsi, à leur insu, l'immatérialité
de leur âme. Malheur à celui qui, comme
Louis XV (qui fut non le produit d'une
vraie civilisation, mais d'une récurrence de
barbarie), pousse la dépravation jusqu'à ne
plus goûter que la *simple nature !* (On sait

que Mme Dubarry, quand elle voulait éviter de recevoir le roi, avait soin de mettre du rouge. C'était un signe suffisant. Elle fermait ainsi sa porte. C'était en s'embellissant qu'elle faisait fuir ce royal disciple de la nature).

. . . .

« La femme est bien dans son droit (continue Charles Baudelaire), et même elle accomplit une espèce de devoir en s'appliquant à paraître magique et surnaturelle ; il faut qu'elle étonne, qu'elle charme ; idole, elle doit se dorer pour être adorée. Elle doit donc emprunter à tous les arts les moyens de s'élever au-dessus de la nature pour mieux subjuguer les cœurs et frapper les esprits. Il importe fort peu que la ruse et l'artifice soient connus de tous, si le succès en est certain et l'effet toujours irrésistible. C'est dans ces considérations que l'artiste philosophe trouvera facilement la légitimation de toutes les pratiques employées dans tous les temps par les femmes pour consolider et diviniser, pour ainsi dire, leur fragile beauté. L'énumération en serait innombrable ; mais, pour nous restreindre à ce que notre temps appelle vulgairement *maquillage*, qui ne voit que l'usage de la

poudre de riz, si niaisement anathématisé
par les philosophes candides, a pour but et
pour résultat de faire disparaître du teint
toutes les taches que la nature y a outrageusement semées, et de créer une unité
abstraite dans le grain et la couleur de la
peau, laquelle unité, comme celle produite
par le maillot, rapproche immédiatement
l'être humain de la statue, c'est-à-dire d'un
être divin et supérieur ? Quant au noir arti-
ficiel qui cerne l'œil et au rouge qui marque
la partie supérieure de la joue, bien que
l'usage en soit tiré du même principe, du
besoin de surpasser la nature, le résultat est
fait pour satisfaire à un besoin tout opposé.
Le rouge et le noir représentent la vie, une
vie surnaturelle et excessive ; ce cadre noir
rend le regard plus profond et plus singulier, donne à l'œil une apparence plus décidée de fenêtre ouverte sur l'infini ; le rouge,
enflamme la pommette, augmente encore
la clarté de la prunelle et ajoute à un beau
visage féminin la passion mystérieuse de la
prêtresse.

« Ainsi, si je suis bien compris, la peinture
du visage ne doit pas être employée dans le
but vulgaire, inavouable, d'imiter la belle
nature et de rivaliser avec la jeunesse. On a

d'ailleurs observé que l'artifice n'embellis-
sait pas la laideur et ne pouvait servir que la
beauté. Qui oserait assigner à l'art la fonc-
tion stérile d'imiter la nature ? Le maquillage n'a pas à se cacher, à éviter de se laisser
deviner ; il peut, au contraire, s'étaler, sinon
avec affectation, au moins avec une espèce
de candeur.

« Je permets volontiers (termine le poète)
à ceux-là que leur lourde gravité empêche
de chercher le beau jusque dans ses plus
minutieuses manifestations, de rire de mes
réflexions et d'en accuser la puérile solen-
nité ; leur jugement austère n'a rien qui me
touche ; je me contenterai d'en appeler
auprès des véritables artistes, ainsi que des
femmes qui ont reçu en naissant une étincelle du feu sacré dont elles voudraient s'il-
luminer tout entières. »

Ainsi vous voilà lyriquement encoura-
gées, ô Parisiennes. D'ailleurs, pourquoi
s'alarmer ? Des Instituts, gérés très souvent
par de graves messieurs décorés, se multi-
plient dans la Ville ; et l'on vous y apprend
l'art de magnifier votre beauté. Ah ! le pro-
grès n'est pas, heureusement, un vain mot !

Les Maisons de beauté ! Elles foisonnent ;

mais parlons seulement du Temple, de l'Institut-type, sérieux et chic, sis Place Vendôme.

Certes, ces utiles maisons ont pris une importance exceptionnelle dans la vie des vraies Parisiennes. Mais qui dira les heures que la femme, soucieuse de son visage et aussi de son élégance, passe dans l'Institut-type ?

Aussi, il faut bien le comprendre, elles sont délicieuses, ces petites loges où chaque cliente vient acquérir une beauté nouvelle (car on dépasse souvent le simple postulat de Baudelaire) ou chercher seulement la perfection de ses traits et de ses formes. Ah ! elles ont bien compris, les Parisiennes, que leur vie mouvementée et orageuse anéantissait chaque jour un peu de leur beauté, et qu'il leur était nécessaire d'avoir recours à des modeleurs de chair, à des pétrisseurs de formes !... Ah ! Parisiens, mes frères, ne sursautez pas ! vous en avez vu et vous en verrez bien d'autres !

Sans fausse honte enfin — suivant l'exemple américain, — sans l'hypocrisie d'un temps qui flétrissait le simple maquillage, — ô bon roi Louis-Philippe, où est maintenant ton humble service à toilette de

« meublé » ? — Les Parisiennes viennent aujourd'hui dans ces... laboratoires (pourquoi
ne pas les appeler par leur nom ?), au grand
jour et très orgueilleuses même de pouvoir
combattre le plus longtemps possible l'envahissement des graisses et des rides.

Ils font même mieux dans cet Institut :
ils redressent des nez ; ils agrandissent des
fronts ; ils ouvrent largement des yeux,
qu'ils décorent ensuite de cils veloutés et
frémissants ! C'est très étrange, oui, c'est
très beau ! On songe à Goya et à ses terribles
estampes. Ce sont de savoureux spectacles.

En tous cas, j'ai causé, moi, avec la Directrice de l'Institut-type ; et j'en ai eu une joie
singulière ; car cette aimable et admirable
dame jongle de la plus amusante façon avec
des citations empruntées à M. de Buffon, à
Lamartine ou à La Bruyère.

Et quel décor amusant ! J'ai écrit tout à
l'heure le mot : *laboratoire*, et je ne le retire
pas. Il y a ici une parade si impressionnante
de flacons et de petits appareils ! Tous ces
massages, tous ces ponçages, tous ces polis-
sages ! Et un jour tamisé par de grands stores
si impressionnants ! Quelle mise en scène !
Voici les hautes vitrines, les « taber-
nacles » plutôt où sont renfermées toutes

les eaux miraculeuses, toutes les lotions de jeunesse, dans de coquets flacons de cristal, fleuris de rubans ! Un soldat y goûterait la hiérarchie disciplinée que l'on impose ici. Oui, tous les « calibres » sont là, marqués, numérotés, étiquetés ! Les soins, en effet, sont gradués ; et la beauté se forme petit à petit, du flacon n° 1 au flacon n.° 6, par exemple.

Plus loin, ce sont les « Salons de soins ». Des « autels », je devrais dire : car ce sont de véritables prêtresses, ces Vestales drapées dans de grands tabliers blancs, agrémentés de dentelles, qui sacrifient à Vénus, elles-mêmes si pavoisées de leurs teints et de leurs yeux.

J'ai écouté avec ravissement la Directrice de ce temple.

« Oui, Monsieur, m'a-t-elle dit, c'est ici la Maison de l'Art, de l'Art avec un grand A, de l'Art d'être belle ! Car « la beauté, a dit Prudhon, c'est toute la femme ! » Cette pensée, Monsieur, n'est-elle pas faite de délicatesse et de vérité !

« Vous ne sauriez, d'ailleurs, imaginer, Monsieur, quelles études et quelles recherches constantes sont faites dans notre maison pour reculer toujours l'impitoyable échéance des stigmates de l'âge ! Aussi, nous pouvons dire aujourd'hui avec joie : « Parmi nos clientes, il y a sans doute des femmes âgées, mais il n'y a plus de vieilles femmes ! » Et, tenez, les jeunes visages mêmes, ceux qui vous semblent parfaits, ne se reconnaissent plus au sortir de nos salons. Les jeunes visages ! ils sont heureux de leur jeunesse ; mais que de fautes, que d'erreurs ils commettent ! Un superbe teint d'abricot, par exemple, vous l'abîmez en le poudrant en rose. Nous avons, nous, des poudres de riz de tons mauves qui sont, au contraire, d'un effet charmant sur certaines peaux blondes. Ah ! Monsieur, si vous saviez combien nous nous réjouissons de voir enfin les Parisiennes venir assidûment chez nous !... Si vous saviez combien de mondaines viennent se faire faire une beauté, les soirs de grande réception, de bal, de représentation extraordinaire à l'Opéra ! Cette effroyable lumière électrique est si tueuse, Monsieur, si assassine de la beauté de la Parisienne !.. Et vous croyez, peut-être, que nous luttons, nous, par le simple maquillage ? Non, le procédé serait vraiment trop rudimentaire. Non ! ce sont les *soins* seuls, écoutez-moi bien, les soins anatomiques, dirais-je, les modelages, les massages qui agissent vraiment sur les traits, sur la fraîcheur du teint, dame ! avec toute la gamme des nettoyages et des ponçages ! »

Et, très volubile, Madame la Directrice continua :

« Ah ! au retour de croisières, de chasses, de voyages de nos clientes, nous avons fort à faire ; mais avec quel bonheur elles viennent toutes ici se revivifier !... A leur intention nous avons installé des Instituts de beauté à Nice, à Buenos-Ayres ; — où nous envoyons nos meilleures élèves, qui ont suivi, croyez-moi, des cours anatomiques très approfondis. Nous avons aussi partout, à travers le Monde, des maisons de vente ; et nous avons également pensé aux infortunées, à celles qui ne se trouvent dans aucun centre, à celles enfin qui sont comme abandonnées en province et à l'étranger ; il y a parmi elles des Parisiennes ! A celles-là nous expédions nos produits avec nos conseils. »

— « Et le corps, Madame, y songez-vous ?

— « Si nous nous occupons du corps, mais certainement, Monsieur ! Que serait cette belle fleur qu'est la tête d'une femme, si elle ne possédait pas une tige souple, élégante, et si l'arabesque des lignes ne s'y trou-

vait pas ! Notre joie est bien vive et nous
sommes véritablement récompensés de nos
peines, quand, dans une réunion mondaine,
nous pouvons admirer les plus belles fleurs
du parterre parisien, les nôtres ! car nous
sommes, Monsieur, le véritable horticulteur
de la Parisienne ! »

La Mode féminine.

Charles Baudelaire, présentant un jour le peintre de la vie moderne Constantin Guys, écrivit encore ceci :

« J'ai sous les yeux (l'*Art romantique*) une série de gravures de modes commençant avec la Révolution et finissant à peu près au Consulat. Ces costumes, qui font rire bien des gens irréfléchis, de ces gens graves sans vraie gravité, présentent un charme d'une nature double, artistique et historique. Ils sont très souvent beaux et spirituellement dessinés ; mais ce qui m'importe au moins autant, et ce que je suis heureux de retrouver dans tous ou presque tous, *c'est la morale et l'esthétique du temps. L'idée que l'homme se fait du beau s'imprime dans tout son ajustement, chiffonne ou raidit son habit,* arrondit ou souligne son geste, et même pénètre subtilement, à la longue, les traits de son visage. L'homme finit par ressembler à ce qu'il voudrait être. Ces gravures peuvent être traduites en beau et en laid ; en laid, elles deviennent des caricatures, en beau, des statues antiques. »

Je me suis permis de souligner et je soulignerai encore certaines phrases suivantes sur lesquelles je reviendrai tout à l'heure. J'aurai besoin de les appliquer à la mode actuelle. Elles retrouveront ainsi toute leur importance.

« *Les femmes* (continue Charles Baudelaire) *qui étaient revêtues de ces costumes ressemblaient plus ou moins aux unes ou aux autres*, selon le degré de poésie ou de vulgarité dont elles étaient marquées. La matière vivante rendait ondoyant ce qui nous semble trop rigide. L'imagination du spectateur peut encore aujourd'hui faire marcher et frémir cette « tunique » et ce « schall ». Un de ces jours, peut-être, un drame paraîtra sur un théâtre quelconque, où nous verrons *la résurrection de ces costumes sous lesquels nos pères tout aussi enchanteurs que nous-mêmes* dans nos pauvres vêtements (lesquels ont aussi leur grâce, il est vrai, mais d'une nature plutôt morale et spirituelle), et s'ils sont portés et animés par des comédiennes et des comédiens intelligents, *nous nous étonnerons d'en avoir pu rire si étourdiment.* Le passé, tout en gardant le piquant du fantôme, reprendra la lumière et le mouvement de la vie, et se fera présent.

« Si un homme impartial *feuilletait* une à une « *toutes* » *ces modes françaises depuis l'origine de la France jusqu'au jour présent, il n'y trouverait rien de choquant ni même de surprenant. Les transitions y seraient aussi abondamment ménagées que dans l'échelle du monde animal.* Point de lacune, donc, point de surprise. Et s'il ajoutait à la vignette qui représente chaque époque la pensée philosophique dont celle-ci était le plus occupée ou agitée, pensée dont la vignette suggère inévitablement le souvenir, il verrait quelle profonde harmonie régit tous les membres de l'histoire, et que, même dans les siècles qui nous paraissent les plus monstrueux et les plus fous, l'immortel appétit du beau a toujours trouvé sa satisfaction. »

. . . .

« La mode (termine Baudelaire) doit donc être considérée comme un symptôme du goût de l'idéal surnageant dans le cerveau humain au-dessus de tout ce que la vie naturelle y accumule de grossier, de terrestre et d'immonde, comme une déformation sublime de la nature, ou plutôt comme un essai permanent et successif de réformation de la nature. *Aussi a-t-on sensément fait observer (sans en découvrir la raison) que toutes les modes sont charmantes, c'est-à-dire relativement charmantes, chacune étant un effort nouveau, plus ou moins heureux, vers le beau,* une approximation quelconque d'un idéal dont le désir titille sans cesse l'esprit humain non satisfait. Mais les modes ne doivent pas être, si l'on veut bien les goûter, considérées comme choses mortes ; autant vaudrait admirer les défroques suspendues, lâches et inertes comme la peau de saint Barthélemy, dans l'armoire d'un fripier. Il faut se les figurer vitalisées, vivifiées par les belles femmes qui les portèrent. Seulement ainsi on en comprendra le sens et l'esprit. Si donc l'aphorisme : « Toutes les modes sont charmantes » vous choque comme trop absolu, dites, et vous serez sûr de ne pas vous tromper : Toutes furent légitimement charmantes. »

. . . .

Ces pages éloquentes consacrées à la philosophie de la mode, sont-elles absolues ? Tout d'abord, est-ce la mode qui reflète les idées du temps ou plutôt est-ce qu'on ne veut pas quand même les trouver en elle ?

Sans remonter très loin, par exemple, en quoi la crinoline (imaginée, dit-on, pour cacher une grossesse illustre) et les « faux-derrières ou strapontins », célébrés par ce niais dessinateur que fut Grévin, en quoi et comment y a-t-il là un reflet des idées du Second Empire, puis de la République ? Et le ventre, aplati hier, annihilé, supprimé, qui revient à la mode aujourd'hui et se regonfle même légèrement, voudra-t-on y voir un symbole très net de nos nouvelles idées : grands efforts vers une repopulation intense, grossesses non plus injuriées mais magnifiées, enfants pour la patrie! etc., etc.? C'est bien improbable. En tous cas, couturiers et femmes dites élégantes s'en moqueront; mieux même : ils et elles souriront si vous avez l'innocence d'éveiller en eux et en elles une telle réflexion. Et si vous continuez, vous les ferez rire aux éclats avec toutes ces idées-là.

Songez, du reste, comme il est facile de

perdre pied dans toute cette petite histoire
de la mode — et de ses « modèles » admi-
rés. Hier, vers 1830, si je ne me trompe,
toute la Ville n'avait de regards que pour la
femme petite, grassouillette ; et les romantiques de ce temps, peintres, dessinateurs
et hommes de lettres, l'ont mise — si l'on
peut dire ! — à peu près à toutes les sauces,
cette caillette, dont la tête est très fine, par
exemple, et dont le pied est menu. Plus
tard, la « junonienne » reprit le dessus :
beaux bras, belles poitrines, grasses « coulées » de chair à la Rubens ; coulées capi-
tonnées mais élastiques !... Eh bien ! je
vous le demande, où diable se nichaient-
elles, en ces femmes, les idées de ces deux
seules époques-là ; les idées, les vraies
idées ?... Même les idées des peintres, qui
sont, en général, les plus lisibles et les plus
visibles. Quel rapport entre Ingres et Dela-
croix, par exemple ? L'un avec ses femmes
douloureuses, meurtries, fiévreuses, des
« grenouilles », disait Hugo, piètre critique
d'art ; l'autre avec ses « modèles » chipées
à Raphaël, à tant plus cher la séance !...

Et enfin la femme admirée aujourd'hui,
la femme-squelette, la trique, le poteau
télégraphique, le balai, roseau certes pas

pensant, mais penchant, symbolise-t-elle aussi, celle-là, nos idées ?

Si elle constitue l'idée en particulier que nous nous faisons du beau, cette tige languissante, eh bien ! je comprends alors l'illustre statuaire Rodin quand il affirme que l'Art, pour l'instant, est à l'agonie !... Je ne vois pas en effet ce génial pétrisseur de formes, qui a célébré en un hymne merveilleux la Vénus de Milo, arrêter seulement une seconde son regard sur ce déchet d'humanité, sur cette « planche » inerte, sur ce laminage de fesses, de seins et de cuisses. Renoir, non plus, d'ailleurs; ni Degas, ni Vallotton.

Pourtant, l'idée de cette beauté-là existe, je ne le nie pas ; et nous verrons plus loin ce que les couturiers « en font ». En restant pour l'instant chez les peintres et chez les dessinateurs, je sais bien que M. Boldini, ce pommadin de la mode, dont la couleur coule comme un flux que rien ne peut arrêter, je sais bien que M. Boldini — avec M. de la Gandara — goûte ces jeunes femmes amaigries, désossées, démusclées, qui, nues, feraient paraître la Vénus de Milo outrageusement ridicule, — à moins que ce ne soit tout le contraire !

Mais MM. Boldini et de la Gandara ne « portent » pas toutes nos idées, loin de là !

Toutefois, il est juste de dire que les leurs se renforcent de quelques opinions, nées dans le court cerveau de certains professeurs de culture physique et de danse, qui pensent également que la femme cruellement maigre constitue le suprême idéal. *Certains*, je n'ai pas dit : tous ! Car je ne vois pas de vrais « culturistes » qui reprocheraient à Mlle Broquedis, champion de tennis, sa souplesse musclée et robuste.

En tous cas, ne nions pas l'évidence : c'est un fait impératif, absolu, actuellement dans toute sa vigueur singulière : la femme-trique est choyée, adulée par tous les couturiers.

Et elle le sait si bien, cette inconsciente perruche, qu'elle se prête de tout son cœur à toutes les caricatures, qu'elle ambitionne même de « se reconnaître » dans les amusantes pages de ces croquistes qui s'appellent Paul Iribe, Gosé, Bakst, Martin ou Enrico Sacchetti.

Et pourtant, et pourtant, sont-elles assez crucifiées dans les interprétations de ces crayonneurs.

Paul Iribe, féroce, déchirant de la même

pointe la femme élégante et l'homme — est-ce un homme ? — qui l'accompagne.

Gosé, Bakst, Martin, enserrant dans un dessin au fil de fer des maigreurs de morphinomanes.

Enfin Enrico Sacchetti, celui-ci, un nouveau venu, découvert par Gabriel Mourey, et révélé par un album publié chez Dorbon-aîné.

Et quel album ! Toute une suite d'extraordinaires oiseaux, grues, perruches, — des femmes, je veux dire — s'élançant, s'étirant, se courbant, en des graphiques d'allure japonaise. Toutes encore cassées, ployées, yeux larges et bouches petites. Des robes, des manteaux hurluberlus. Parmi tout cela, cependant, un brusque étonnement : une Junon, au torse et aux bras de lutteurs, égayant une oiselle au plumeau bleu. Et toutes avec d'étranges chapeaux, avec des plumes hautes comme sur les corbillards, ou avec un fil de fer, une plume de paon, comme les acrobates en fixent sur leur nez !

« La mode, c'est la morale et l'esthétique du temps ! » a écrit Baudelaire.

Pour *notre* temps, quelle morale, alors ! et quelle esthétique !

Ponchon, « estomaqué », a écrit, de son côté :

« Il y faut la jambe fine
« Sous ce mince falbala,
« Et, de même, une poitrine
  « Qui soit un peu là.

« Nous ne demandons, en somme,
« Rien d'énorme, surhumain...
« Il suffit qu'un honnête homme
  « En ait plein la main.

« Je veux à nos Cydalises,
« Ni des manches à balai,
« Non plus des piliers d'église,
  « En fait de mollets.

« Or, si telle nous révèle,
« Par en haut, et par en bas,
« Avec la mode nouvelle,
  « De fermes appas.

« Combien d'autres, en revanche,
« N'ont rien à mettre en valeur,
« Mollets ronds ni gorge blanche...
  « Voilà le malheur !

« Si vous n'avez nulle chose
« A nous faire voir, merci !
« Il faut la cacher, si j'ose
  « M'exprimer ainsi. »

N'importe ! L'aphorisme reste, impératif,

catégorique : « Toutes les modes sont charmantes ! »

La mode actuelle l'est donc ; et, ma foi,
l'on sait que Balzac, déjà, nous raconte
Théophile Gautier, « préférait de beaucoup,
à la Vénus de Milo, une Parisienne élégante, fine, coquette, moulée dans son
long cachemire par un mouvement de
coudes, allant d'un pied furtif à quelque
rendez-vous, sa voilette de Chantilly ra-
battue sur le nez, penchant la tête de
manière à montrer, entre le bavolet du
chapeau et le dernier pli du châle, une de
ces nuques au ton d'ivoire où se tordent
gracieusement dans la lumière deux ou trois
frisons de cheveux follets. Cela a bien son
charme (confesse Gautier), quoique, pour
notre goût, nous aimions davantage la
Vénus de Milo ; mais cela tient à ce que,
par suite d'une première éducation et d'un
sens particulier, nous sommes plus plas-
tique que littéraire. »

Oui, toutes les modes sont charmantes,
et celle-ci, je le répète, l'est donc.

Un jour, l'excellent sculpteur Carabin
nous avoua même que la mode n'avait
jamais aussi bien qu'aujourd'hui avantagé la
femme. Il nous vanta les robes drapées, qui

dessinent si bien le corps — et qui aussi le déshabillent si bien ! Mais on sait que Carabin est un artiste très sensuel ; et son opinion est certes influencée par son état d'âme ordinaire.

Toutefois, le roseau penchant n'a aucun attrait pour Carabin. Qui a vu Mlle Mado Minty, si souple, si bien équilibrée, sans aucune maigreur pourtant, a vu le type féminin que Carabin et quelques autres sculpteurs artistes affectionnent.

Je gage que quelques rares couturiers préfèrent aussi ce beau modèle féminin ; mais ils ont, c'est incontestable, une publicité plus tapageuse avec les maigreurs qui inspirent Paul Iribe ou Sacchetti.

Celles qui lancent la mode.

ON dit presque toujours : le couturier. Mais combien de ces grandes maisons de couture, la plupart du temps constituées en société, sont dirigées par des femmes. N'importe, gardons le mot amusant ; et traçons un vif croquis :

Le couturier, c'est une gloire ! De quelle grâce il enguirlande tous ses gestes quand il daigne converser avec sa cliente ! La barbe du beau coiffeur est une hirsute barbe de prisonnier, si l'on ose la comparer avec l'admirable, majestueux et parfumé « éventail », doré à l'eau oxygénée, que le couturier quelquefois arbore. Ici, ne l'oublions point, nous sommes dans l'antre du Maître de cinq cents femmes, Aussi, quel langage fleuri est le sien, et quels ronds de jambes et de bras et quelles manières de danseur ! Cet homme, vraiment, sème de la séduction et de la folie ; il subjugue tout le troupeau des

coquetteries ; il le conduit au triomphe ou
à la ruine ; il est le nouveau commandeur
des Croyantes ; il régente les mœurs ; il est
presque Napoléon, s'il n'est pas Benoîton !

Et quelle fidèle et souple élève, il a, en
la Parisienne ! Jamais disciple n'écouta
mieux son maître ; jamais il ne suivit avec
plus de soumission tout ce qu'on lui ordon-
nait.

Oui, entre les mains du couturier, la
Parisienne est le plus discipliné et le plus
aimable des mannequins.

Imaginez d'infatigables tortionnaires,
piqués cependant presque toujours de charmantes fantaisies ; imaginez des gens qui ne
se déclarent jamais satisfaits pour la galerie ! qui cherchent toujours l'impossible
dans l'art du costume ; imaginez des fous et
« des artistes » — car les couturiers sont
tout cela ! — eh bien ! tous ces gens-là, ces
loufoques et ces gens de génie ne fatigue-
ront, ne rebuteront jamais les Parisiennes.

Dès le premier signal fait par les tortionnaires, elles accourront. Toutes les inven-
tions, toutes les cocasseries à elles soumises,
elles les approuveront. Elles se déshabil-
leront, si telle est la volonté imposée ; elles
se pareront de faix et de ridicules acces-

soires si, au contraire, il en est ainsi décidé. O l'inégalable accord !

Et, certes, il ne faut pas les juger à la légère, les couturiers. Si, un jour, ils ont placé la taille trop haute, par exemple, eh bien ! il y a eu une raison à cela. Si, au contraire, ils la descendent, s'ils la cachent sous des falbalas, ne souriez pas encore, la philosophie de la mode bien comprise vous en donnera de judicieuses explications. Tout, en les choses de toilette, a sa raison d'être. Ah ! l'on ne saura jamais trop combien les couturiers sont des gens qui ont reçu l'étincelle divine !...

Celles qui lancent la mode, ce sont d'abord les mannequins et quelques jolies essayeuses ou vendeuses, envoyées dans toutes les grandes réunions hippiques, dans les thés à la mode, et aussi dans les Palais de Glace et autres vernissages des Salons mondains.

Ces belles filles, vous les voyez ensuite photographiées dans tous les « illustrés » ; et vous admirez leurs beaux airs d'oiseaux chantants. Il y a quelquefois pourtant des pleurs et des crises de nerf, quand les toilettes trop audacieuses suscitent des désapprobations masculines.

Celles qui lancent la mode, ce sont ensuite ces chères tendresses d'actrices, chaque fois qu'une pièce nouvelle est créée dans un théâtre qui compte. Mais pour en arriver là, quel émoi ! Il a fallu consulter l'auteur de la pièce : oui, comment il la *voit* habillée, son héroïne ; c'est très important, cela ! Et, dès que l'infortuné a donné son opinion, en l'agrémentant d'un tas de *pourquoi* et de *parce que*, bien entendu actrice et couturier s'entendent pour n'en tenir nul compte.

Ah ! ces costumes de première représentation ! Ce qu'il a fallu les essayer et les re-essayer ! Tous les retards aux répétitions sont excusés par les essayages. Il est bien question de répétitions ! Avant tout, il faut soigner, bien mettre au point la robe du *deux* et celle, si considérable, n'est-ce pas ? de la grande scène du *trois*. Pour le rôle, on s'en tirera toujours !

Enfin la répétition dite des couturières arrive. C'est un branle-bas de combat, le désarroi d'un assaut terrible. Les couturières sont là, impassibles, prenant en pitié l'auteur tapi dans un coin ; mais les douces actrices, elles, ne font qu'avoir des crises de larmes. Rien n'ira, c'est certain ! les robes sont fichues; les coiffures sabotées. Avec tout cela, ce sera à coup sûr la pièce par terre; c'est bien inutile de continuer !...

Néanmoins, on continue; et, tout à ses toilettes, le premier rôle met en pièces les répliques. L'auteur est maintenant effondré — s'il n'est pas Henry Bernstein, autoritaire, ou Pierre Decourcelle, exigeant.

C'est un fait : pour les actrices, en général, ça ne marche bien que trois ou quatre jours après la « première », quand toutes les « soirées parisiennes » ont commenté, sous la plume de falotes dames, tous les détails des toilettes. Alors, ça « se tasse »; et les interprètes se décident enfin, si elles le peuvent, à jouer.

Aussi bien, en paraphrasant un mot de Forain, on peut dire que ce sont presque toujours les mêmes actrices qui lancent les toilettes, les « créations », comme on dit en argot de couture.

Il y a celle qui porte bien le manteau; celle qui fait valoir la robe d'après-midi; celle, au contraire, qui n'est bien que dans les déshabillés, etc., etc.

Les couturiers, c'est certain, n'ont aucun goût à habiller MM^mes Bartet, Berthe Bady, Madeleine Lély ou Van Doren. Elles jouent trop, celles-là, avec toute leur âme, avec tout leur cœur, sans se préoccuper des plis à faire, des silhouettes à donner, ainsi qu'on l'a indiqué aux dernières répétitions. Tandis que c'est un régal que d'habiller MM^mes Arlette Dorgère, Robinne ou Jeanne Provost, uniquement soucieuses de faire des « effets » de toilette, qu'elles ne ratent que très rarement.

Celles-là — et quelques autres — sont les meilleures réclames vivantes pour couturiers. Elles ne portent pas des reliques, non, mais des toilettes, à la façon des hommes-sandwiches qui se promènent, maintenant, avec des gants de boxe pour faire la réclame sur un match toujours truqué, ou avec une petite valise pour vanter l'excellente fabrication d'un marchand de malles.

Et, photographiées elles aussi, comme les mannequins, elles figurent dans tous les grands et petits journaux de modes, si heureuses surtout quand elles ont la vedette des *Modes*, cette revue mensuelle que dirigent avec tant de goût MM. Manzi et Joyant!

Quelques types d'habillées.

Les mondaines s'ingénient, du reste, à les copier, ces chères créatures d'actrices; et, donc, classer celles-ci, quant à leur façon de s'habiller, et à la manière d'une sorte de naturaliste, c'est établir aussi complètement que possible les principaux faits de l'histoire de la mode.

D'abord, il y a plusieurs espèces d'habillées, parce que les femmes, elles, ne veulent à aucun prix reconnaître « une arbitre » des élégances. Elles sont pour cela trop convaincues de leur originalité personnelle, et donc toutes bien persuadées d'être ce qu'on appelle, en classification, un modèle, un « type » pour mieux dire.

Vous les avez vues, n'est-ce pas? mille fois, alors qu'elles considèrent une de leurs pareilles. Quels yeux de proie!... Vite, voyons en quoi la toilette observée prête à la plus cruelle critique! Voyons la tare, le manque de goût, la sottise de la ligne qui ne va pas, de l'ornement ridicule. Ah ! les bonnes âmes ! Quelle joie — secrète, profonde ! — quand elles peuvent décocher une critique féroce, plus barbelée de pointes et plus empoisonnée cent fois qu'une flèche de cannibale !...

Il y a d'abord le type « grand siècle », le type « Louisquatorzien », le type « Grande Mademoiselle » enfin. Celui-là, par exemple, c'est un type unique, incarné en Mlle Cécile Sorel, de la Comédie-Française. Il se peut que, certaines fois, les ombres des grands défunts, par-dessus quelques auteurs vivants, trouvent Mlle Sorel « insuffisante » ; mais on ne peut nier son chic altier, sa désinvolture royale, que tant de mondaines, hélas ! ne peuvent « s'assimiler » ! Mlle Sorel a la ligne, la prestance ; et Beer, Paquin font le reste. Ce reste est très important !

Il y a le « genre de la mondaine ». Genre très convenu ; car, je l'ai dit, c'est au contraire la mondaine qui copie l'actrice. Dans ce genre, il y a un choix assez abondant, avec, comme têtes de file, MM^{mes} Berthe Cerny, Piérat, Madeleine Lély, Simone, Marcelle Lender, Jeanne Granier, Paule Andral, Marcelle Géniat, etc., etc. Cette fois, les organisateurs de la victoire sont, pêle-mêle, Chéruit, Redfern, etc...

Le genre « demi-mondaine » distinguée ! Le qualificatif : distinguée ! relève ce genre, qui comprend : MM^mes Monna Delza, Chenal, Anna Held, Yvonne de Bray.

C'est Béchoff-David qui habille ce quatuor éblouissant. C'est la grande renommée des belles princesses élégantes du Théâtre. Que de modes nouvelles furent créées, lancées par cette maison. Toutes les vraies Parisiennes le savent et s'en souviennent.

Voici, maintenant, le genre excentrique : MM^mes Polaire, Mistinguett, Spinelli, etc. Ces très amusantes actrices se font habiller partout, au hasard de leurs caprices.

Elles ressemblent par là au genre que j'appellerai le genre : jeunes-douairières ; et qui s'honore de compter MM^mes Bartet, Simon-Girard, Devoyod, Réjane, Pierson et Mégard, par exemple.

Il me vient aussi l'idée de trois adorables comédiennes, qu'il m'est bien difficile de ranger autre part que dans le genre — je le dis très respectueusement — « je m'en fichiste ». Ces trois artistes très légitimement adulées, ce sont MM^mes Marcelle

Yrven, Charlotte Lysès et Cassive. Premet, Paquin, les habillent, — et avec quelle plaisante fantaisie !

Le genre, à présent : jeune fille ingénue ! Trois exquises comédiennes, toujours : MM^{mes} Eve Lavallière, Marie Leconte et Marthe Régnier.

Et, ainsi, on peut faire, presque à l'infini, des classifications avec la cohue, d'ailleurs charmante, banale et troublante, que composent toutes les artistes de Paris. De Paris ! il en vient même de l'étranger ; et tellement avec les invasions des théâtres hors-frontière !

Cela m'amène à ne pas oublier un autre « type » unique, représentatif d'un autre mélange délicieux — quoique incohérent — de MM. d'Annunzio et Debussy ! Vous avez nommé Mlle Ida Rubinstein. C'est Worth qui l'habille, et le dessinateur Bakst les hallucine tous deux : le couturier et l'actrice. Mlle Ida Rubinstein ne porte pas moins des costumes très savoureusement enchevêtrés, faits très exactement pour correspondre à son originale manière de dire les vers !... Mlle Ida Rubinstein est une des annuelles mystifications de Paris !...

J'ai oublié, certainement, des genres, mais

aussi des couturiers. Il y en a tant! Cependant, il est impossible de ne pas nommer Martial et Armand, Callot sœurs, Buzenet, Zimmermann, etc., etc., qui, eux, habillent MM^mes Simon-Girard, Zina Brozia, la Barientos, Kousnezoff, etc., etc.

Et, maintenant, Mesdames les Parisiennes, faites votre choix !

Il n'est pas aisé! C'est pourquoi il est d'usage, dans les grands théâtres, de réserver chaque pièce nouvelle à un ou plusieurs couturiers, pris par roulement, si je puis ainsi dire !

Et, pour la ville, telle actrice adoptera même plusieurs couturiers. Le groupe seul des jeunes-douairières est constant, fidèle à qui l'habille. Pour les autres groupes, un mouvement de mauvaise humeur, individuel et collectif, et voilà leur grand homme descendu brutalement de son pavois! Ah ! couturiers infortunés, j'aurais presque envie de vous plaindre, si je ne savais combien vous avez de retours de bâton !...

Je vais, maintenant, si vous me le permettez, entrer chez vous !...

Chez les couturiers.

Aʜ! pour les capturer, pour les prendre au filet, les Parisiennes, ils se sont
bien installés, les couturiers. Vastes, solen-
nels et luxueux hôtels de la Place Vendôme — sous ton regard, ô César ! —
n'avez-vous point frémi de voir vos salons
transformés en salons de vente, d'essayage
et de fournitures ? Ne tressaillez-vous point
de voir défiler devant vos lambris une clientèle aussi affairée, aussi inquiète, aussi
ardente ? Que pensez-vous enfin de tous
ces idiomes et de tous ces dialectes que vous
entendez ; car elles y viennent toutes ici,
les femmes de tous les pays, en hommage à
la mode de Paris, reine de toutes les modes !

Oui, elles y viennent toutes, les Rou-
maines, les Anglaises, les Argentines, les
Boliviennes, les Chiliennes, les Américaines
du nord surtout, celles-ci, la clientèle la
plus adulée, la plus chérie, les gros prix

sans marchandage, toutes les fantaisies les plus coûteuses, tous les délires les plus extravagants !

Car, on ne se targue plus, en vérité, maintenant, d'habiller les reines, les Altesses impériales et de « fournir » les Cours. Les notes, en ces mains-là, sont trop fraîchement discutées, épluchées, renvoyées avec de stupéfiantes demandes de réduction ! Fi donc ! Prend-on les couturiers pour des « confectionneurs ? »

Ah ! oui, le filet est tendu, et bien tendu ! Et partout ! Rue de la Paix, avenue des Champs-Elysées, rue Auber, rue du Faubourg-Saint-Honoré, rue des Pyramides ; rue Royale, ils sont partout, les couturiers. Ils envahissent les immeubles ; ils montent jusqu'au ciel, et c'est de là qu'ils distribuent une part de Paradis à chacune de leurs clientes. Oh ! pas toujours sans pleurs, grincements de dents ou crises de nerfs ; car si l'essayage est chose bénie pour les corps sveltes, combien vite il devient une torture pour les dondons — et pour les monstres !

Et pourtant, et pourtant !... Rappelez-vous !... Rappelez-vous certaines pages de peintres anecdotiers ; rappelez-vous !... Celle-ci, d'Abel Faivre, par exemple :

Dans un grand salon, des mannequins passent et repassent ; jolies filles sveltes et élégantes. Dans un fauteuil, un monstre-femelle, obèse et congestionné, effondré, regarde. Il est là pour choisir un des costumes offerts à sa coquetterie !...

Ce monstre se prend, n'en doutez point, pour une Parisienne. Quand il a fait son choix — devant les rires qui s'étouffaient, — il roule ensuite de salon en salon, apostrophant familièrement les vendeuses, les essayeuses ; et sa voix aigre crispe les nerfs, agace le bout des doigts... Eh bien ! ce monstre-là, il prend aussi sa part de Paradis !...

Quelquefois, il revient accompagné de son mari, un vieux monsieur, maintenant sournois — et cruel. Elle en profite, la dondon, pour lorgner davantage un mannequin, une délicieuse jeune fille, que sa pauvreté humilie de cette sorte ! Et elle dit, la dondon :

— Eh bien ! mon ami, que prendriez-vous ?

Le vieux monsieur, souriant :

— Moi ?... Je prendrais Mademoiselle !

Ce qui, certes, nous étonne toujours nous autres, pauvres hommes, à l'élégance si rudimentaire, si bornée, c'est que les femmes puissent « s'y reconnaître » dans l'invraisemblable amas de merveilles qui leur est offert par les couturiers. Et tous les journaux de modes qui foisonnent, depuis l'humble petit recueil à dix centimes, jusqu'aux grands magazines français et anglais. Quel vertige !... Pour nous, pas pour les Parisiennes.

La vérité, c'est que, touchant de loin ou de près à la Mode, la dactylographe comme la mondaine, elles sont, toutes deux, dans le domaine de la mode, en pays ami. D'instinct, au jour le jour, sans paraître s'y promener, elles en connaissent les coins les plus cachés, les surprises les mieux préparées. Aussi, Parisiens, mes frères, tous les couturiers vous le diront : « Pour nous, la Parisienne ne compte pas ! elle sait trop bien s'habiller, celle-là, avec rien ! Elle a cet instinct de la mode dans le sang ! Elle prend de nos créations ce qui l'avantage : elle laisse le reste... Ah ! si nous n'avions pas l'Américaine ! »

Ah ! cette clientèle-là, c'est celle qui dilate les bouches, qui fait tout le branle-bas dans le vaste transatlantique qu'est une maison de couture ! C'est pour elle qu'on

fait venir de partout toutes les étoffes les
plus éclatantes, tous les linons, toutes les
mousselines, toutes les dentelles, toutes les
soies, tous les brocarts et tous les tulles !
Pour elle, on met tous fournisseurs sur les
dents ; on les somme de créer du nouveau,
toujours du nouveau, sans compter : les
cochons salés, les mines et les pétroles feront la somme. On surexcite les dessinateurs,
on les hallucine, on les rend opiomanes ou
éthéromanes ; on ira en chercher jusque
dans la Terre de feu, jusque dans les asiles
de fous, si Bakst ne suffit pas ; on les
prendra à la mamelle, parmi les futuristes,
s'il le faut ; on fera enfin comme tel couturier égaré : on les soûlera de whisky,
avant de les placer à leur table, palette en
main !...

La Mode ! Qui crée la mode ? Il faut
bien qu'elle vienne de quelqu'un. Cher-
chons. Eh bien ! tantôt ce sont les fournisseurs qui, en apportant des étoffes nouvelles,
déterminent le choc ; tantôt, ce sont des
dessinateurs ingénieux ; ou bien encore, ce
sont des méditations — ne riez point ! —
de couturiers !...

Et ces derniers, à tour de rôle, créent ou
suivent le mouvement. Quelques maisons

mêmes s'abstiennent, lasses de triompher, de toute initiative. Elles prennent le meilleur des autres ; et elles le complètent, elles le *stylisent* !

Des créateurs actifs, toujours ardents même, ce sont Premet et Chéruit. Ils ne laissent pas passer, ceux-là, la moindre manifestation mondaine, sans se produire avec de jolis modèles de robes. Parisiennes, qui aimez les « créations », allez chez Premet ; et vous serez toujours émerveillées !

Il faut, du reste, attendre beaucoup de ce mouvement qui pousse les couturiers à accaparer des dessinateurs fantaisistes ; et Poiret est déjà fameux pour quelques créations « amusantes », qu'il demande à des dessinateurs parfois un peu « loufoques » même, mais toujours d'une fantaisie si imprévue, si surprenante...

Aussi bien, les Parisiennes sont si friandes de bals travestis, où elles peuvent se transformer en Persanes, en princesses indoues, en Shéhérazades, qu'il n'est pas du tout étonnant que l'envie leur vienne de descendre dans la rue, avec de semblables costumes à peine modifiés. C'est le contraire plutôt qui serait incompréhensible !... Sans doute, il y a entre toutes leurs robes : robes du matin, robes d'après-midi, robes du soir, etc., des différences profondes (des abîmes !! style de couturier) ; mais elles ont, au cours de ces bals, un tel éclat ; elles ont dégagé un tel rayonnement en montrant des jambes, des cuisses nues, des gorges et des ventres, — je n'exagère pas ! — qu'il est bien admissible qu'elles tiennent à sortir presque en peau, à peine voilées par une transparente mousseline. Ne nous en troublons pas ! c'est l'esthétique du temps !...

Etonnons-nous seulement qu'il n'y ait pas plus d'outrages, — de « derniers outrages » ! — et convenons que la peur du gendarme est décidément très forte !...

Chez les modistes.

REGARDEZ-VOUS encore toutes les charmantes gravures d'autrefois, toutes
celles que, vers 1830 et aussi sous le Second
Empire, on consacra à la modiste, si gaie,
si grisette, si luronne, et déjà la plus enjouée des abeilles parisiennes? Lisez-vous
encore toutes les « Pauliskas » et toutes les
« histoires de sept jeunes filles », qui mettaient en scène des cuirassiers, des Lisettes
et des sages-femmes, pour la plus complète
apothéose encore de la modiste?... Aujour-
d'hui, tout cela est très vieillot, désuet; et
cependant il y avait déjà de « grandes »
modistes, telles que Lucy Hocquet ou
Mme Baudrand ; mais, aujourd'hui, les
« grandes » modistes sont devenues, elles
aussi, comme les maisons de couture, de
grandes forces vives, constituées en sociétés; et, certes, les chapeaux qui en sortent
ne sont pas moins troublants aujourd'hui

qu'hier; même, je gage que la fantaisie, la qualité des « fournitures » s'y règlent à un prix beaucoup plus élevé...

Des hommes — qui le croirait? — se sont encore nichés dans ces autres usines de la mode. Et, pour le modiste, ce ridicule, pour un homme, de vendre des chapeaux de femme, ne l'atteint pas. Sa barbe devient même encore plus babylonienne et plus fastueuse. Entre ses mains blanchies et parfumées, les fleurs, les plumes, les aigrettes volettent comme s'il était l'empereur des serres et de cent mille autruches. Cet homme est encore une sorte de héros. Les Parisiennes raffolent *du* modiste!...

C'est qu'il a, vraiment, une singulière adresse à présenter les modèles, à les tourner et à les retourner. J'ai vu ces gestes-là chez des gens cultivés, affligés de mœurs spéciales. Quelques femmes prétendent que *la* modiste n'atteint jamais à ce chic-là, à cette désinvolture surprenante! Ce n'est pas impossible. Vous avez vu bien d'autres miracles de ce genre, quand vous vous êtes attardés devant des rayons de parfumerie ou de ganterie...

Quoi qu'il en soit, n'accablons pas *la* modiste. Elle est très souvent très experte, elle aussi, en l'art de vanter le « paradis », l'aigrette ou le ruban ou la dentelle. Et, enfin, c'est elle qui le confectionne, le chapeau ; ou sinon, c'est elle qui le juge, qui « donne le trait de force », qui « signe », en un mot, l'œuvre d'art !

De jolies vendeuses, des « têtes à essayer », comme on dit ; les mannequins aussi — naturellement — lancent encore, dans les réunions mondaines, les chapeaux de la future saison. Et cet examen-là demande peut-être encore plus de clairvoyance, que lorsqu'il s'agit d'examiner une robe. Le chapeau, quand il a du style, déroute vite les hommes non initiés. Et elles sont nombreuses à Paris, les excellentes modistes. Quand vous voyez par exemple leurs œuvres, au pesage, un jour de grande épreuve, apportez, vous, les hommes, un très grand soin à les considérer, à les différencier, à les nuancer. Les poulains et les pouliches qui tournent en rond ne réclament certes pas de vous plus d'attention clairvoyante...

Les Parisiennes, elles, bien entendu, sont autrement, instinctivement averties. D'un coup d'œil, elles le mettent en détail le chapeau. La dentelle porte tel nom ; l'ai-

grette vaut tel prix ; le ruban sort de chez
tel fournisseur ; et, comme vous, les hommes,
vous pouvez reconnaître les origines d'un
pur sang, elles peuvent, elles, les Parisiennes, vous désigner tout de go la créatrice du chapeau que vous leur désignez
parmi tant d'autres également jolis. Elles
reconnaîtraient moins aisément, assurément, leurs maris, leurs amants ou leurs
frères, dans une foule.

Les actrices, ces éternelles entretenues !
— étonnez-vous après cela que le Conservatoire regorge d'espoirs, ô Gabriel Fauré !
— Les actrices (qui « profitent encore ici
de prix doux ») sont les autres — et les
meilleures réclames pour chapeaux.

Aussi les modistes — comme on l'a souvent dit — exècrent la tragédie, au théâtre.
Les classiques de la comédie ne leur chan-
tent pas davantage. Pierre Wolff, Flers et
Caillavet, Alfred Capus, Donnay, voilà au
moins des auteurs qui comprennent la
mode — et qui la font valoir ! Voilà des
auteurs très parisiens !

Certes, il y a bien les courses, par exemple, pour « lancer » les chapeaux ; mais il
est incontestable qu'on les observe autrement, avec une précision plus pénétrante

dans une salle de spectacle ; et puis, si l'on a une hésitation sur l'origine du chapeau admiré, eh bien ! l'on n'a qu'à jeter les yeux sur le prévoyant programme ; et l'on a le nom tout de suite de la fameuse modiste...

Au fait, qu'en est-il des chapeaux ? La mode en est-elle plus stable que pour les robes ? en est-elle plus sage, plus équilibrée ?

Ah ! non, « il n'y paraît pas », répondent les esprits chagrins. Toutes les étrangetés, toutes les cocasseries, la femme se les permet encore dans ses chapeaux. Hier très grands, vastes comme un dôme ; aujourd'hui très petits, minuscules, en bonnet d'âne ; hier sans plumes, sans aigrettes, mais avec des rubans fantastiques ; aujourd'hui, hérissés de panaches mortuaires ou d'une tige de parapluie ; c'est « à désespérer les plus résignés amants de la femme », jurent les hypocondriaques. Et ce n'est pas tout, ajoutent-ils, elles portent du feutre ou du velours en été, et de la paille en hiver ! Puis, ont-elles enfin trouvé un chapeau pratique, amusant, coquet néanmoins — et qui tienne sans l'aide de multiples et dangereuses épingles, vite, comme exaspérées soudainement de leur sagesse, les voilà qui le chargent, l'infortuné, des plus encombrants accessoires et des plus ridicules superfétations !

Hélas! que faire ?... Du reste, ce n'est pas aux Parisiennes qu'il s'en faut prendre ; mais aux modistes qui perdent, elles, trop souvent la tête ; ou qui, plutôt, s'amusent — n'en doutez pas! — à coiffer de façon quelquefois baroque leurs crédules clientes.

Et après ?... Est-ce qu'une tête jolie ne peut pas se permettre les fantaisies les plus déraisonnables? Si elle veut avoir la coiffure d'un Peau-Rouge, d'un eunuque, d'un pompier ou d'un mage, où est le mal?

Voyez Mlle Gabrielle Robinne, chapeautée par Esther Meyer. C'est pour elle, assurément, son plus beau rôle. Alors ! ?...

Marie Crozet ne coiffe-t-elle pas d'une façon seyante Mme Marcelle Lender ? Elle rehausse encore la physionomie infiniment spirituelle de cette ardente comédienne?

Mlle Lucienne Guett (je prends des noms au hasard !) n'a-t-elle pas trouvé en Suzanne Talbot son meilleur professeur de chic?

Germaine ne rend-elle pas plus amusante encore, plus enjouée et plus vive la physionomie de Mlle Marcelle Yrven, pourtant si extraordinairement gaie, au théâtre ?

Mlle Cécile Sorel, enfin, notre Montespan et notre Madame de Maintenon, mâtinée de Madame de Faudoas, ne sort-elle pas des mains de sa modiste, comme si elle portait — en guise de chapeau — une tiare de plumes ?

Si nous passons maintenant aux chapeaux pour clientèle strictement mondaine et demi-mondaine, — Caroline Reboux chapeaute agréablement les bourgeoises de province.

Et Lewis, le Lewis de toutes *ces* dames ! le Lewis chanté jadis par tous les échos du *Gil Blas !* C'est celui-là, si l'on peut dire, le Ollé ! Ollé ! de la mode. Tout pépie, tout chante dans cette maison-là. Les petits théâtres, le dessus du panier du café-concert, vont y chercher les hautes aigrettes menaçantes, les plumes posées de-ci de-là, mais avec du chien, beaucoup de chien ! Tant et si bien que quelques mondaines surexcitées se laissent également séduire par ces chapeaux d'une allure si cavalière !...

Léontine, Maria Guy, Virot, quel trio encore de modistes *chic !*

Ah ! la Parisienne n'a toujours que l'embarras du choix ! Ce qu'ils sont, en effet,

« mirifiques » en bloc, tous ces petits et grands chapeaux, exposés dans ces autres coquets salons! Il y a ici une imagination et un chic pour vous poser une aigrette ou une pleureuse! Et ce qu'ils sont bien « tripotés », les rubans! Ils ont toujours un petit air bête, n'est-ce pas? les rubans enroulés sur leurs bobines de carton.. Mais quand ils ont passé par les mains des « premières », ils en prennent, une « physionomie »! Ils sont coulissés, ils sont drapés, ils sont en bataille. Ah! quelle allure! Du reste, rien ne résiste au chic chez les modistes parisiennes. Tout y est toujours — ô esprits grincheux! d'un goût très recherché, avec un rien quelquefois d'excentricité!...

Voyez en exemple tel plaisant magasin, là, rue de la Paix. Vous hésitez, n'est-ce pas? Est-ce une fleuriste? est-ce une modiste? Eh bien, c'est une modiste. Voyez, en effet, un autre coin de l'étalage. Sont-ils coquets, ces chapeaux-là? Certes, ils l'ont, eux, le petit air excentrique; mais quand on les pose un peu de côté ou très en avant, suivant les goûts de la mode, ils vous ont une allure!... Ces fleurs, toutes ces fleurs qui sont ici, enrubannées ou en paniers (envois de Nice), toutes ces fleurs sont artificielles ; mais quel accessoire elles composent pour la Parisienne ! Non seulement, on en garnit les chapeaux, mais encore les boutonnières, les manchons ; il y a même des élégantes qui en pavoisent leur automobile.

Ah ! les chapeaux de Paris, comme ils appâtent encore toutes les femmes ! Toques et chapeaux, capelines et turbans, bérets et béguins, nulle part ailleurs, au monde, on ne les trousse et on ne les retrousse encore comme ici, dans ce coin toujours que forment la place Vendôme, la rue de la Paix et la rue Royale... Aussi, remarquez comme les femmes deviennent fiévreuses, agitées, inquiètes, dès que vous les conduisez dans ce coin-là, aux terribles et angoissantes heures des essayages, à quatre heures, à cinq heures, à six heures ; ces heures qui sonnent pour elles l'hallali du succès, le moment de la gloire, l'apothéose du vrai et du seul bonheur après lequel, il faut bien le leur dire, elles bâillent sans se lasser jamais, sans ressentir jamais, non plus, au cours des plus douloureux essayages, le moindre dégoût, que dis-je ? le plus léger désenchantement !...

Les « dessous » de la Parisienne.

Que ce mot : dessous, ne soit pas jugé du tout tel qu'irrespectueux ! Il peint bien ce qu'il veut dire, en assimilant la Parisienne à une coquette « architecture », élégante et raffinée. Puis ce mot, d'allure un peu vulgaire, je le confesse ! c'est celui que l'on emploie dans les magasins de lingerie — et entre femmes de chambre, ces petites doublures de la Parisienne. Alors qu'il me soit aussi permis de me servir de ce mot, qui eût certainement, s'il l'avait connu, fourni à Fragonard prétexte à un tableau.

Aussi bien, les vaudevillistes seuls nous font rire — quelquefois — en nous montrant une femme en chemise ou en pantalon, — ou en « combinaison ». Nous, je n'ai pas besoin de le dire, nous sommes toujours risibles dans ce simple appareil blanc. — Mais la femme, mais la Parisienne, avec quelle grâce encore elle sait se montrer, vêtue seulement d'une chemise ou d'un pantalon !

Il est vrai que le tissu en est d'une légèreté arachnéenne ; et il s'applique si aisément aux formes. C'est, en somme, le voile classique de beaucoup de petites Tanagras ; mais combien, naturellement, plus rempli de fioritures !

La lingerie qui enferme tout d'abord son corps, la Parisienne la trouve chez la plupart des grands couturiers. Il y a aussi des maisons spéciales : Henriette, rue de la Paix ; la Cour Batave, etc.

Mais partout on chiffonne avec art les linons et les nansouks ; on réunit, dans de savantes parures, les dentelles d'Irlande aux broderies anglaises, les dentelles de Bruges à celles de Valenciennes. Le linon y est, par exemple, tellement festonné, perforé, que, quelquefois, il n'en reste plus beaucoup ; mais c'est cette légèreté-là que l'on recherche, cet irréel !...

Chemisettes et bas. Les grands couturiers les fournissent, également. Recherche d'harmonies, couleurs appropriées ! etc..., etc... Tout un délicieux pathos réjouissant à entendre par la bouche des couturiers, qui prennent des airs... comme s'ils composaient, vraiment, *les noces de Cana!*

Le corset, maintenant. Toutes les Parisiennes assiègent le temple de Léoty, place de la Madeleine. Madame la Directrice, malgré ses airs de marquise, a dû certainement faire de l'anatomie. Car les propos sont sur ce point tous affirmatifs. Mlle Marcelle Yrven les a tous résumés, en me disant : « Ah ! oui, elle vous connaît un corps, cette femme ! D'une légère caresse de sa main, elle se rend compte immédiatement de ce qui est bien ou de ce qui cloche. Et ne lui expliquez rien, c'est inutile ! Laissez-lui son inspiration ! Sans vous sangler, sans vous donner le mal de mer, elle vous moulera, elle vous affinera. Tenez, voyez-moi plutôt ! »

Un ravissement ! Du reste, souvenez-vous, tous et toutes, de la merveilleuse Marcelle Yrven, cette joie ! dans *Orphée aux enfers !* C'est, cela, une démonstration catégorique.

De jolies lingères, vous en voulez d'autres? Eh bien ! voici Mme Guillot, rue de la Paix, et Augustine Thomas, rue Daunou, encore des doigts de fées. Chaque année, des merveilles s'ajoutent à des merveilles. C'est, en particulier, chez Mme Guillot, une lingerie si « émouvante » — il n'y a pas d'autre mot ! — que cette exquise femme n'hésite pas à appeler son œuvre — crâne- ment ! — une « lingerie d'art ! »

Les fourrures.

Voici une autre « folie » des Parisiennes. Depuis le trottin qui se contente du vulgaire lapin dit renard ou du renard dit lapin, aux têtes ridicules et comiques, jusqu'à la mondaine ou à la « grande » actrice — surtout entretenue ! — elles rêvent, toutes, étoles, manchons, parures et manteaux.

Et l'on vous poursuit alors et l'on vous traque sans pitié, vous, les bêtes aux poils soyeux et doux !

Renard bleu, renard blanc, renard noir, renard argenté, hermine, zibeline, chinchilla, loutre, oppossum, vison, lyre, putois, léopard, tigre royal, taupe, etc., etc... quelles hécatombes on fait de vous, pour protéger — soi-disant de la bise — l'épiderme trop sensible des Parisiennes !...

Surtout pour les parer ! Car ne semblent-elles pas encore plus fragiles et plus menues,

quand elles sont enveloppées dans leurs
lourds manteaux de fourrure ? et comme
elles savent prendre un air héroïque, quand,
drapées joliment dans une étole de zibeline
ou d'hermine, elles se campent, un poing
sur la hanche ! Geste cavalier qu'elles osent,
et qu'elles peuvent se permettre, à condition
de n'en abuser point. Et puis comme leur
vanité est aisément satisfaite, pour certaines
d'entre elles, tout au moins ! Ne portent-
elles pas, en effet, celles-là, une véritable
petite fortune sur leur dos : « ânesses » char-
gées mieux que de reliques ?...

Ce sont les couturiers encore qui fournissent généralement les fourrures. Chez Premet, chez Chéruit, chez Paquin, etc., etc., il
y en a d'admirables !

Puis, il y a des fourreurs spéciaux ; de
grands « recéleurs » de dépouilles velues ;
des « maîtres de cavernes » : Max, Revillon,
Grünwaldt. Et ce sont vraiment, ceux-là,
d'autres ingénieux et adroits couturiers. En
exemple, toutes les femmes savent ce qu'ils
ont pu tirer de la simple taupe, de l'humble
perceuse de terre. Avec des assemblages
de ces petites peaux, ils ont fait d'éton-
nants damiers, des diagonales, des rayures
merveilleuses. Paris seul — et ses four-

reurs ! — peuvent avoir de ces idées-là !

Et les zibelines ! Quelle Parisienne ne vendrait pas son... âme même pour une zibeline ! Ont-elles l'air, en effet, toutes, assez « princesses de légende » ou « poétesses de clair de lune », quand elles sont enveloppées dans un de ces incomparables manteaux, si joliment agrémentés de dentelles !

Et il n'y a que les fourrures de Paris pour envoûter les Parisiennes ; car, partout ailleurs, en Russie même, on ne peut effacer complètement l'âcre et le fauve des peaux.

Ah ! la fourrure, les fourrures de Paris ! elles jouissent, d'ailleurs, de tous les privilèges — pour se faire adorer. Le principal surtout, c'est que tous les âges portent les fourrures indifféremment, sans hérésie ; et vous pensez s'ils en sont heureux, les âges un peu mûrs !... Plus de ces nuances, plus de ces étoffes, plus de ces couleurs, réservées aux jeunes femmes ! L'hermine, la zibeline se posent sur toutes les épaules, qu'elles soient rondes ou creuses ; — et il faut peut-être seulement excepter l'astrakan, parure plutôt des femmes âgées, et encore ! Il y a de délicieux manteaux d'astrakan, avec un col de renard blanc.

Car, on les mêle, les fourrures. On

s'offre, de cette manière, toutes les fantaisies. En exemple — et il y en a cent autres ! — on porte des manteaux de loutre, avec col d'hermine ; des étoles et des manchons en petit gris zibeline, doublé de ventre petit gris naturel ; des étoles et manchons de taupe et hudson contrastés ; etc., etc. Et la fourrure, on le sait, pare encore les velours, les brochés, les satins, les mousselines ; on en met partout : sur les robes, sur les chapeaux, sur les chemisettes ; etc., etc.

Ah ! les couturiers sont vraiment d'extraordinaires oseurs ! et il faut bien toujours leur rendre cette justice-là. A quoi n'arriverait-on pas, mon Dieu ! dans les autres professions, si l'on *osait* comme osent ces gens-là ! Étonnez-vous après cela que leurs seuls conseils soient écoutés, suivis, envers et contre tous les autres conseils ! Quand on a une audace pareille !.....

Quelques notoires actrices servent encore de belles réclames pour les heureux fourreurs parisiens. Le collier de perles et la grande parure de fourrure, voilà ce qu'elles demandent, d'abord, ces chères âmes d'actrices, pour lesquelles M. Adolphe Brisson se débat avec une vaillance digne d'un meilleur sort. « Elles sont toutes à l'Assistance publique ! » répète-t-il, dans le *Temps*, heureusement, dans le désert !... Voyons celles qu'il hospitalisera, d'abord :

Mme Cécile Sorel porte toutes les fourrures dites royales ! Elle eut la fantaisie, un jour, de revêtir une magnifique dépouille de léopard. Mme de Montespan elle-même fut cette fois-là effacée de l'Histoire.

Mme Gilda Darthy — ardente Marguerite de Bourgogne ! — recherche les belles dépouilles de tigre. Cela symbolise sa propre férocité... à la scène.

Mme Lina Cavalieri aime la zibeline ; Mme Réjane, le putois ! oh ! quelle horreur ! ; Mlle Mistinguett, si nerveuse, si électrique, le poulain ; et Mme Héglon, olympienne, se contente du léger marabout.

Il y a, par contre, beaucoup d'actrices qui se passent volontiers de fourrures. La nature les a douées, celles-là, généreusement. Voici les noms de quelques-unes d'entre elles : MM^mes Litvinne, Marcelle Yrven, Otero, Jeanne Cheirel, Méaly, Allems, Cassive, Delna, Zina Brozia, Anna Thibaud, etc., etc.

Celles, au contraire, qui ont besoin de beaucoup de fourrures, s'appellent : MM^mes Lavallière, Arlette Dorgère, Berthe Cerny,

Polaire, Berthe Bovy, Gaby Deslys, Alice de Tender, etc., etc.

Voilà celles que notre excellent, humain confrère Brisson doit d'abord secourir. Mme Cécile Sorel eut la pudeur d'avouer — en conférence ! — qu' « une femme à Paris ne pouvait pas vivre à moins de cent vingt mille francs de rente ! » Alors, vous vous dites : qu'est-ce qu'elles peuvent bien faire, les actrices, quand elles ne touchent point à la caisse directoriale de pareils cachets ?... Moi, je frissonne, rien que d'y penser ; et j'écris que la salutaire intervention de M. Brisson en fait, certes, le plus grand défenseur de la Vertu !...

Ah ! avec les couturiers, ce sont les Grünwaldt, les Revillon et les Max qui engendrent les plus déplorables catastrophes !!

Bottes et chaussures.

LES Parisiennes ont, certes, bien raison d'attribuer une importance exceptionnelle à la façon dont elles sont chaussées. Aucun détail de la toilette féminine n'a plus d'éloquence ou de bêtise muette que la chaussure. Je connais des amants passionnés de la chaussure ; des jeunes et des vieux messieurs ; des amoureux de la femme ou... de l'homme (je demande que l'on me laisse tout dire), qui se pâment en regardant et surtout en maniant entre leurs doigts une jolie chaussure. J'ai connu — je l'affirme ! — un de ces amants passionnés qui réservait toujours, sur le splendide coussin de soie, placé au milieu de son lit, en parade, la plus belle place à un exquis, impertinent soulier, très pointu du bout, et redressé sur un très haut talon. Et je n'ai jamais trouvé cela si ridicule, au contraire ! Des Parisiennes sans gêne y placent bien, sur le milieu de leur lit, d'affreux chiens pékinois ou des Yorkshire !

D'ailleurs, voyez dans les musées les formes successives de la chaussure. Est-il vraiment, je vous le demande, quelque chose de plus symbolique, de plus varié, de plus amusant ? Est-ce que cela n'a pas une autre allure que toutes les défroques de costumes — véritables peaux de saint Barthélemy, a dit Baudelaire — que l'on peut vous montrer ? Est-ce que tous les plis, toutes les formes, toutes les cassures, que le pied y a laissés, durablement, ne vous racontent pas plus de choses qu'un costume qui pend, vide, ou qu'une perche dresse, en épouvantail pour arbres fruitiers ?

Sans doute, beaucoup de ces chaussures-là n'ont pas de noblesse ! sans doute, il y en a même beaucoup qui sont très comiques ; mais, au moins, toutes, elles vivent ; et c'est bien cela, la vie, que la Parisienne démêle dans les chaussures qu'elle convoite, et que Paris encore, au mieux de ses goûts, de ses plus inexprimables désirs, a su confectionner...

Paris — et Hellstern, place Vendôme, le plus ingénieux, le plus fécond, le plus créateur de tous les bottiers.

Oublions que nous sommes chez lui. Voici le temple !

Vous y êtes toutes, bottes de cheval, chaussures de sport, de ville et de bal. Quelle parade expressive ! Voici une bottine de marche. Elle est jolie avec cet enroulement de daim qui enserre la jambe. Elle est pratique et confortable. La coupe en est merveilleuse !

Et les Parisiennes les ont tous fait créer, les souliers ; les souliers en daim, gris, beiges ou blancs ; les souliers perlés, avec tous les choix de couleurs ; les souliers argentés, dorés, roses, noirs, rouges, lilas ; les souliers de satin recouverts de broderies ; les souliers de dentelles ; les souliers enfin de toutes sortes, les espiègles, les spirituels, les gourmands, les luxurieux ; — et les souliers, enfin, que Bakst est venu encore dessiner ; avec ces petites formes dégageant les à-côtés du pied, si ballet russe !...

Et ce n'est pas tout ! Il y a bien d'autres fantaisies ! oui, des damiers noirs, rouges, verts ou bleus, sur des peaux blanches très tendues ! Il y a bien aussi d'extraordinaires souliers — des aristocrates ! — qui simulent de face une grande simplicité, et qui ont le talon chargé de pierreries !... Et Mme Isadora

Duncan et toutes les danseuses grecques ont déclanché un autre mouvement « bottier » : le cothurne. Oui, le cothurne ouvragé à l'impossible, et si plaisant avec ses rubans étroits de cuir et ses orfèvreries ! le cothurne qu'on exhausse — il y a des élégantes qui ont certainement la tête à l'envers ! — le cothurne qu'on exhausse sur un haut talon Louis XV !... Et, après tout, le pur style, pourquoi serait-il ici, puisqu'il n'est nulle part ailleurs !

Les Parisiennes n'exigent pas moins de fantaisie raffinée, coquette, dans leurs petites mules, dans leurs petits « sauts-de-lit », et dans ces charmantes pantoufles d'intérieur, qui ont des airs de chaussures de gala !...

Leurs bas, enfin, doivent être appropriés à toutes ces sortes de chaussures ; et ils le sont, s'appareillant autant par la couleur que par la garniture. Pourquoi il y a aussi des bas perlés, des bas brodés, des bas avec application de dentelles. Bas et chaussures, que le bottier assortit encore à la toilette ; et nulle entente internationale, ni même cordiale, ne vaut, certes, celle que constituent — pour faire de la Parisienne un tout adorable — le bottier et le couturier !...

Coiffeurs d'art.

Coiffeurs d'art ! Coiffures d'art !... C'est un peu... chargé, mais ce n'est pas exagéré !... Souvenez-vous ! les estampes encore, comme chaque fois qu'il est question de mode... Toutes ces estampes montrant de hauts chignons, des pyramides, de véritables jardins de cheveux ; des coiffures à la belle Poule, à la Lapérouse, à la Trafalgar ! puis ensuite, le peintre David régnant, à la Titus ! à la Bélisaire !... Des coiffures d'art ! certes ; et, cette fois, les « merlans » ne se montraient pas trop présomptueux !... Il fallait, en effet, un travail arachnéen pour constituer, pour consolider tant de mèches enroulées, ondulées déjà ! et les dresser en surtouts de table, en calottes de brioche !...

Aujourd'hui, les « coiffeurs pour dames » n'ont, certes, pas démérité. Ils ont encore dans leurs doigts une prestesse étonnante ; et ils échafaudent avec autant de zèle que jadis les complications toujours renouvelées de la coiffure féminine.

Que dis-je? ils ont constitué, ces Figaros, des Instituts de coiffure, des Académies de maîtres ! Aussi, ne vous étonnez pas outre mesure de les entendre citer et La Tour, et Nattier, et Lancret ! Ils vous apprennent, du reste, avec quelle joie ! qu'ils ont étudié tous les portraits du musée du Louvre ; et ils vous diront précisément en quoi le style de la coiffure Louis XV diffère essentiellement — à ne pas l'imaginer ! (c'est leur argot !) — du style de la coiffure de la Régence...

Aussi que peuvent faire encore les Parisiennes, dans les mains et dans les filets de ces... professeurs cultivés? Tous leurs propos sont des oracles, n'est-ce pas ? On n'a qu'à se laisser conduire !...

Et quels posticheurs avisés, surtout ! Quels créateurs du postiche savant, discret, du postiche enfin qui ne se montre pas, qui est d'un naturel !...

Comment résister aussi à tous les noms qu'ils donnent à « leurs œuvres d'art » ?... Celui-ci appelle son postiche : « Mon Butterfly ! » ; celui-là : « la Mousseuse ! » ; un troisième épingle, simplement, ce titre :

« L'apparition ! » Ah ! les plaisants Figaros !...

De tous les collaborateurs de la Parisienne, ils sont, certes, les plus aimés ; les meilleurs confidents ; les vrais confesseurs modernes.

Ils détiennent des secrets qui, dévoilés, révolutionneraient Paris, — le Paris féminin. Mais ils sont discrets ; et ce sont leurs bibelots, les bibelots indispensables à la coiffure de la Parisienne qui parlent pour eux ! Ils « raccrochent » à leur façon, d'une façon muette ; et la Parisienne est heureuse de se sentir toujours, ici, en confiance !

Chaque grand posticheur a tout de même, bien entendu, sa spécialité. Ainsi Dondel, qui a une clientèle ultra-chic, est un spécialiste de la coiffure de soirée, je veux dire des garnitures de tête d'un grand luxe, aigrettes radieuses, écailles, orfèvreries. Garnitures suivant l'âge, la physionomie. Il n'appuie pas !

Georges, rue Royale, lui, est possédé du démon de la création. Il passe de la haute coiffure japonaise à la coiffure à la vierge. Il « modèle » les chevelures. Ah ! ses têtes de cire, ses Sidonies, sont très tourmentées ! Aussi, ce chercheur trouve souvent de très seyantes coiffures...

Henry, rue de la Paix, est un spécialiste
de l'écaille. Il n'y est pour rien si la Parisienne ne porte pas encore toute une série
de peignes, découpés, ornés de pierreries...
Patientons ! quand Mlle Sorel imposera cette
mode !..

Pour le moment, elle est restée fidèle à
Loisel, Mlle Sorel. C'est que Loisel, boulevard de la Madeleine, est un posticheur de
la balle. Il fut longtemps le posticheur de
l'Opéra et des grands théâtres. Et il a su
garder toutes ses clientes. Il est vrai qu'il a
un chic étonnant — répètent les échos parisiens — pour vous faire une tête à la Réca-
mier, ou à la Gainsborough ! Les actrices,
je ne sais pourquoi, citent volontiers ces
deux noms-là, mais ces deux noms-là seulement. Les actrices, je ne veux pas dire toutes
les actrices ; car, Mlle Diéterle, par exemple,
connaît sur le bout du doigt l'histoire de
toute la Peinture ; et Mlle Salle, de l'Opéra
— retirée, maintenant, il est vrai, je crois,
— possède de très beaux Degas et d'impressionnants Cézanne.

Parfums et bijoux.

Il y a une psychologie profonde des parfums à écrire ; mais, aussi bien, ce n'est
pas ici le lieu pour l'entamer seulement ;
car tout un volume n'y suffirait pas, tellement ils nous entraîneraient loin, les raffinés « distillateurs de quintessences olfac-
tives », les ingénieux « chimistes des sucs
floraux ! »

Quiconque aime les parfums, s'est vite
rendu compte qu'il en est des parfums
comme des mets. Tel plaît aujourd'hui,
qui déplaira demain. Non point par versa-
tilité de goût, mais uniquement à cause d'un
écart de température. Et tel parfum con-
viendra pour le mouchoir, qui ne sera plus
à choisir pour la peau. Il faudra encore un
parfum du matin, discret ; un parfum d'après-
midi, à peine monté d'un ton ; et, pour le
soir, s'il est possible, un parfum plus vio-
lent, plus troublant.

On voit que c'est tout un clavier de l'odorat, qui demande assurément quelque entraînement.

Les Parisiennes, elles, dès l'âge de raison
(c'est-à-dire entre trente et quarante ans pas
moins), connaissent parfaitement ce clavier-
là ; et elles en tirent des effets surprenants.
Clavier, cependant, qui est très personnel
à chacune ; comme il en est encore, je le répète, du clavier des mets.

Mais les parfumeurs ont, certes, été
d'excellents éducateurs. En divisant, en spé-
cialisant leurs parfums, ils se sont vite fait
comprendre. L'été, par exemple, il est
évident que la peau plus chaude, quelquefois moite de sueur, ne réclame pas le
même parfum qu'en hiver. Il faudra, dans
le premier cas, un parfum rafraîchissant, si
je puis dire ; un parfum qui éveille une sensation très certaine de fraîcheur ; dans le
second cas, au contraire, un parfum chaud
en alcool, pénétrant, sera le bienvenu. Autre
chose encore : si un parfum convient au
linon, si léger, si transparent, presque im-
palpable, il est certain qu'il ne sera point
apte à parfumer la fourrure, qui garde toujours une légère odeur fauve, et qui offre
une autre résistance, un autre volume !...

5

Toutes ces nuances-là, si importantes, si graves — et qui ne peuvent faire sourire que des esprits chagrins, — toutes ces nuances-là, la Parisienne les connaît. Elle les a toutes essayées ; et, mieux que Locuste, pour arriver à un parfait résultat, elle les a toutes expérimentées sur elle-même !

Donc, quand une Parisienne vante un parfum, vous pouvez la croire sur parole. Il n'est pas certain qu'il vous plaira, à vous ; mais vous pourrez toujours le lui offrir, à elle !... Il y a comme cela des parfums qu'elle adopte, et qu'elle voudrait farouchement garder pour elle seule. Rien ne révolte — le mot n'est pas trop fort ici ! — rien ne révolte une Parisienne comme de sentir sur une autre femme son parfum favori. C'est presque de la part de *cette* autre, une malhonnêteté, un vol !...

Aussi, pour répondre à toutes leurs demandes pressantes, à toutes les Parisiennes, les notoires parfumeurs sont toujours en recherche — et créent toujours de nouveaux parfums.

Guerlain, Pinaud, Lubin, Houbigant, Delettrez, font ainsi. Ils sont toujours sur le qui-vive, bien qu'ils aient une gloire illustre, déjà lointaine. Sans doute, ces merveilleux parfumeurs ont ce que j'appellerai : *des parfums de fonds ;* et les Parisiennes les connaissent, ceux-là, comme un calculateur connaît la table de Pythagore ; — mais, je le répète, il faut qu'elles aient toujours des surprises en frottant sur le dos de leur main, quelques gouttes du nouveau et coquet flacon qu'on leur présente...

Et, après tout, c'est fort naturel. Dans leur esprit, les parfums doivent se renouveler comme les étoffes, comme tout, comme la Mode enfin !... Ah ! le bon billet qu'aurait Guerlain, en s'en tenant à son fameux « Jicky » ; Pinaud à son « Comme toi » ; Lubin, à son eau de toilette ; Houbigant, à sa « Rose France » ; et Delettrez, à son eau de Cologne russe !

Sous peine de démériter, ces enchanteurs de l'odorat doivent donc créer toujours : « dieu, table ou cuvette » ; mais il *faut* des brises nouvelles, des senteurs inconnues, des odeurs jamais soupçonnées. Parfumeurs brevetés d'Altesses royales, il faut, avant tout, qu'ils contentent toutes ces Impératrices : les Parisiennes !...

Alors les bijoux, à leur tour, viennent

parer leur chair parfumée, leurs gorges odo-
rantes.

Des bijoux ? Oh ! les fines ciselures, les
compositions raffinées, les arrangements
décoratifs des bijoux artistiques, ne les im-
pressionnent pas, les Parisiennes. Elles ne
sont sensibles qu'aux pierreries, qu'aux ca-
bochons, qu'aux perles, qu'elles savent trouver — quand elles le peuvent ! et la moitié
de leur vie est consacrée à *ça !* — chez Fouquet ou chez Boucheron.

Il en est, n'est-ce pas ? des bijoux comme
des toilettes. Elles n'en ressentent aucune
joie, les Parisiennes, si leurs amies ne les
voient pas — de loin, les toilettes et les
bijoux !... Il faut qu'en entrant dans une
réunion de femmes, la Parisienne qui a une
grosse pierre sanglante ou d'eau dormante
sur sa gorge nue, voie autour d'elle des
yeux féroces, devine des rages froides, sente
des ongles crispés dans des paumes déchi-
rées !... La valeur d'un bijou s'estime au
nombre de crises de nerf qu'il décage !... Il
n'y a pas d'autre morale du bijou féminin !

La Mode masculine.

Un petit journal des modes a posé un jour à ses lecteurs et à ses lectrices (je pense qu'il en a !) la question suivante :

Quelle élégance préférez-vous ? et il l'a fait suivre du bien bizarre commentaire ci-après :

« Entre les expressions si diverses de l'Élégance parisienne (je tiens beaucoup à répéter que c'est le petit journal susdit qui parle ! j'ajouterai seulement quelques points d'exclamation et je soulignerai certains mots !) on peut distinguer *trois* tendances : *l'une qui semble l'héritière de la noblesse majestueuse d'autrefois*, triomphe surtout par sa distinction ! L'autre a plus de laisser aller : tout en restant attachée aux élégances traditionnelles, c'est par la grâce et le charme qu'elle cherche à séduire. La troisième enfin, ne regarde pas en arrière : à des goûts nouveaux il faut, à ce qu'elle prétend, des lignes et des teintes nouvelles. Elle a besoin d'un style : elle le crée !! Nous avons choisi les célébrités contemporaines qui caractérisent le mieux chacune de ces tendances : Mlle Cécile Sorel qui, à toutes les innovations qu'elle introduit dans la Mode, donne une allure vraiment royale (bravo ! me voilà approuvé !) — Mlle Polaire, fidèle à la taille fine, à la silhouette dégagée !! — Mlle Lavallière, protagoniste du « nouveau style ».!? —M. André de Fouquières, le parfait représentant du Chic traditionnel ; — M. Sacha Guichy, *qui exprime la rondeur souple et tranquille de l'homme de sport !!!* — M. Maurice Rostand enfin, *que toute nouveauté séduit, et qui dégage de toute mode le bon ton qui la classera !!!* »

Et le même petit journal, si innocent, adresse alors pour un plébiscite les deux questions suivantes :

1° *Dans quel ordre de préférence placez-vous ces différents représentants de l'Élégance française, en désignant d'abord les Dames, ensuite les Messieurs (sic) ?*

2° *Si, à votre avis, nous avons omis dans notre liste une célébrité qui incarne mieux encore la véritable élégance française, désignez-la vous-même.*

Les *Dames* (comme dit le petit journal en question), nous les avons passées en revue ; le moment est venu de ne nous occuper que des *Messieurs.*

S'il y a des oublis, cher petit journal ?... Mais oui, et de très nombreux ! et encore, Dieu merci ! nous ne les citerons pas tous.

Faisons encore une classification ; c'est le plus sûr moyen de « s'y retrouver » ; et prenons les trois têtes de file du petit journal des modes.

1º Le genre Maurice Rostand. C'est un genre... comment dirais-je ?... un peu... spécial ! Oui, c'est le mot ! Eh bien ! dans ce genre-là, ne pouvons-nous pas ranger toute une gentille troupe, acteurs et auteur : André Brûlé, Jacques Guilhène, Dehelly, Guidé, Jacques de Féraudy, Worms, Francis de Croisset, etc., etc.

2º Le genre André de Fouquières. Mais les acteurs Louis Gauthier, Pierre Magnier, Bosman, rentrent facilement dans ce genre très mondain.

3º Le genre Sacha Guitry, maintenant, ou le genre « je m'en fichiste », peut comprendre, lui, notre national Tristan-Bernard ; et, comme le petit journal des modes voit candidement en Sacha le type de l'homme de sport!! nous pouvons encore citer les lutteurs Constant le marin, Deriaz ou notre renommé Jean-François le Breton.

D'autres genres? Mais oui, il y en a encore, au choix.

Il ne faut pas oublier, par exemple, le genre — presque unique, j'en conviens! — Alexandre Duval. Ses chapeaux ont une incontestable gloire.

Il y a aussi le genre : Petit Saxe, incarné par M. Boni de Castellane.

Il y a le genre exotique, que représente de Max, genre exotique ou genre Ida Rubinstein.

Et, si l'on place, à côté de Mme Cécile Sorel, M. Le Bargy, il me semble que ce sera sa légitime place. Même tenue ultra-chic, *royale !!*

Enfin, enfin, le genre anglo-américain, est-ce que Max Dearly ne le désigne pas excellemment?

Et, ainsi de suite, la liste continue ; puisqu'aussi bien, nous n'avons plus la chance d'avoir un seul arbitre souverain de toutes les élégances.

Nous, également, comme les femmes, nous tirons à hue et à dia. C'est un peu moins compliqué, voilà tout !!...

Nous n'admettons plus un Sagan, comme autrefois ; et les gravures actuelles de modes nous font rire par la niaiserie du même ridicule cliché, dix mille fois reproduit. Oui, jamais la culture physique, jamais les sports n'ont tant sévi ; et, où, je vous le demande, logerait-on ses muscles ? — quand on a la chance d'en avoir ! — si l'on s'en tenait aux coupes étriquées et grêles des niais qui gravent avec tant de patiente sottise les pancartes venues de Londres...

Venues de Londres, et pour cause ! car les étoffes d'Outre-Manche sont plus que jamais en faveur ; et, quoiqu'on fasse, les plus notoires tailleurs *venus* de Londres, — ils l'affichent même ! — gardent toute leur réputation illustre. Ce sont Lesley and Roberts, rue Volney ; Hammond, place Vendôme ; Davies, même place Vendôme ; Barclay, avenue de l'Opéra ; Sandon, rue Clément Marot ; — et ce tailleur français, par hasard, Dufau, rue Chabanais... Ah ! cette fois, nous ne sommes plus chez les couturiers ; le décor est changé. Il se présente austère, peu engageant, rébarbatif même. Nous sommes dans les pareilles de ces officines de Londres, sans parade, où il

se traite en une année des millions d'affaires.
Ballots d'étoffes, tables de chêne vernies,
aucune gaîté ; un travail froid dans des
étoffes froides ; tout ici dépend de la coupe:
— et l'on ne pense qu'à *ça !...*

« La mode féminine, a dit quelqu'un,
c'est l'inconstance, le caprice, le change-
ment perpétuel ; sans cesse elle se travestit
au point de passer sans transition des rémi-
niscences, par exemple, de l'art persan à
celles de l'art hindou ou grec.

« Il n'en est pas de même pour la toilette
masculine où une pareille inconstance
stigmatiserait un caractère trop fragile.

« *Prédire la mode masculine future, c'est
bien simple puisque cela consiste à ne donner
que les nouvelles proportions des vêtements
d'hier.* »

Pauvres de nous, assurément !... Aussi
pour nous détourner des banales gravures
dont je parlais tout à l'heure, des dessinateurs (Bernard Boutet de Monvel, Maurice
Taquoy) nous ont-ils présenté maintes
fois de longs bipèdes étriqués, grêles, souf-
freteux, à l'air parfaitement idiot, qu'ils
aient indifféremment revêtu pyjama, robe
de chambre, veston d'intérieur, veston du
matin, pardessus, jaquette, smoking ou

habit de soirée ! Et les tailleurs comprennent si bien que ces derniers dessins-là nous amusent davantage, qu'ils les logent maintenant dans tous leurs albums ou catalogues. Mais, il faut le dire, bientôt ils ne nous amuseront plus, ces dessins-là eux-mêmes ; et nous nous demanderons avec angoisse ce que l'on pourra bien tirer plus tard de notre pauvre mode masculine, si rudimentaire, si limitée ! Certes, je ne nie point du tout son caractère, pourtant ; son caractère qui fait de nous tous — sans exception — des ordonnateurs (en négligé ou en cérémonie) de pompes funèbres ! mais quand nous serons las d'allonger, puis de raccourcir les vestons, de porter des pantalons larges puis étroits, les bas relevés ou non relevés ; quand nous aurons choisi toutes les étoffes rayées puis unies ; quand la taille des jaquettes, redingotes et habits, aura été accusée plus ou moins haut ; etc. etc... que ferons-nous ?... Ah ! que les femmes sont bien mieux favorisées !...

. . . .

Les chemisiers ont heureusement tenté — eux aussi, par des coupes savantes, — de donner du chic à nos chemises, cet acces-

soire si condamnable par sa nature même,
qui n'est, certes pas, le plus précieux
legs du Moyen-Age !... Ah ! oui, la chemise
masculine ! On a beau la fabriquer de toutes
les façons, en tous tissus, elle n'en reste pas
moins... hideuse ! Chemises de zéphir
anglais, en oxford, en shirting fin, chemises
de jour, chemises de nuit, vous êtes aussi
odieuses que les caleçons, et malgré les bla-
sons, et malgré les chiffres dont on vous agré-
mente, — et malgré les efforts des chemisiers
réputés, les Doucet, les Boivin, rue de Castiglione, les Georges, boulevard des Capucines ; les Tremlett, rue Auber ; les Barclay,
avenue de l'Opéra, et les Charvet, rue des
Capucines !... Aussi, comme je comprends
que, dans leurs vitrines, ils n'exposent, tous,
que de grands rubans éployés, — décoration
stricte mais d'une presque insolence aristocratique !...

.   .   .   .

Les coiffeurs, eux également, qu'est-ce
qu'ils peuvent bien tirer aussi de nous ?
Hier, il y avait pour eux ceci : on allait
dans leurs salons pour y retrouver des cama-
rades, pour y bavarder. Ce fut cela la vogue
de Lespès, que Banville, Alphonse Daudet,

Paul Arène, Scholl et tant d'autres hommes de lettres illustrèrent.

Aujourd'hui, on ne va plus chez le coiffeur qu'en coup de hâte, si j'excepte, bien entendu, tant de « vieux messieurs », qui se font relever les quelques cheveux qui leur restent en onde anglaise, en « bourrelets de porte ». La raie au milieu du derrière de la tête a elle-même disparu ; on ne la retrouve plus qu'en province, sur le chef de quelques coquets capitaines d'habillement !...

Les jeunes pages, comme M. Maurice Rostand, trouvent seuls le temps de s'attarder chez le coiffeur. Ils aiment tant qu'on les enguirlande ! Mais, pour les hommes qui ont dépassé la trentaine — et qui ont des lettres ! — tous, en ouvrant la porte du barbier, se remémorent à mi-voix le douloureux et terrible poème en prose de Hüysmans, et ce passage, en particulier :

« Le funèbre jardinier (le coiffeur) s'est tu. l vous tient l'occiput maintenant entre ses deux poings et le voilà qui, au mépris des éléments les moins contestés de l'hygiène, vous le balance, en haut, en bas, très vite, penchant sa barbe sur votre front, haleinant sur votre figure, examinant dans la glace de la psyché si les cuirs tondus sont bien de longueur égale ; le voilà qui émonde, par-ci, par-là, encore, et qu'il recommence à faire cache-cache avec votre tête qu'il tente en appuyant dessus de vous rentrer dans l'estomac pour mieux juger de l'effet de sa coupe. »

Et ceci encore :

« Brutalement, votre tête voltige comme sur des raquettes entre les bras du pommadin qui rugit et se démène ; votre cou craque, vos yeux jaillissent, la congestion commence, la folie menace. Dans une dernière lueur de bon sens, dans une dernière prière, l'on implore le ciel, l'adjurant de vous accorder un genou, une tête de veau, de vous rendre chauve !

« L'opération se termine pourtant. L'on se lève chancelant, pâle, comme au sortir d'une longue maladie, guidé par le bourreau qui vous précipite le chef dans une cuvette, vous le saisit à la nuque, l'asperge à grands flots d'eau froide, puis le comprime fortement, à l'aide d'une serviette et le reporte dans le fauteuil où pareil à une viande échaudée, il gît sans mouvement, très blanc. »

J'ai exagéré, soit !... on me l'assure ! En tous cas, Félix Milliat, le « coiffeur-mondain », boulevard de la Madeleine, ne vous traite pas de cette façon-là, tant s'en faut. Du reste, rien que son entrée — avec ses coquets treillages — séduit. On a tout de suite la sensation que l'on est au grand siècle ; que l'on va faire démêler sa perruque, et la faire poudrer ensuite pour se présenter sans dommage au petit lever du Roi !... Oui, ces treillages galants installent tout de suite dans votre esprit une minute de Versailles !... un auguste moment historique ! Que Félix Milliat en soit loué !...

Les chapeliers, eux, ont un peu plus de ressources, tout de même !

Car le chapeau, c'est le dôme, c'est la coupole ! C'est aussi quelquefois beaucoup moins que cela ; et ici je ne le dirai pas ! Mais c'est également la désinvolture, la crânerie, l'impertincnce, la fatuité, la bêtise, l'esprit ! Qui fera le poème des chapeaux : chapeaux grands, chapeaux petits, chapeaux ronds, chapeaux ovales, chapeaux hauts de forme, chapeau du Sociétaire-Doyen, chapeau de M. de Fouquières, chapeau de M. Alexandre Duval et chapeau de Dranem ?

Ah ! les chapeliers illustres ! Ils font bien tout ce qu'ils peuvent pour redonner du lustre à nos chapeaux ! « Mes chapeaux rajeunissent qui les porte ! » s'écrie l'un. — « Ils pèsent moins que le papillon ! » s'écrie l'autre. — « Et j'ai toutes les variétés ! » lance un troisième.

Et vous reconnaissez les voix familières de Léon, rue Daunou (qui s'intitule modestement : « Le premier chapelier de Paris ») —de Labbé-Hiekel, faubourg Saint-Honoré ; de Delion. C'est Paris qui coiffe !...

Certes, on fit bien aussi quelque bruit autour des Lock, de Londres ; on s'ingénia à porter le haut de forme à l'américaine. Mais les visages français — ou presque ! — ne s'accommodèrent pas de ces deux manières d'outre-mer ; et seuls, quelques sots attardés perpétuent ce ridicule !

Pour les bottes et les chaussures masculines, enfin, on tente aussi toutes les ingéniosités possibles. Mais quand on a coupé quelques peaux dans le « plus pur style français » — et louvoyé quelque peu au travers des modes anglo-américaines — on atteint vite au fin du fin. Si vous voulez voir tous les modèles, c'est Hellstern encore qui vous les montrera ; et vous les trouverez également chez Thomas and son, avenue des Champs-Élysées, et chez W. Bennett, faubourg Saint-Honoré... Mais je rougis de me dire combien tout cela est peu, quand on songe à l'impressionnante variété de la chaussure féminine... Ah! M. de Max, que ne lancez-vous une chaussure ultra-fantaisiste, indoue, persane, néronienne, n'importe quoi, pourvu que nous échappions à cette banalité de la chaussure, qui ne nous exhausse même pas d'un cran dans l'estime de la femme la plus amoureuse!...

La Vie à Paris.

Palaces et hôtels.

Sous peine de passer pour un vieux monsieur, attaché à de centenaires habitudes, on ne descend plus, à Paris, dans les hôtels.

Sans doute, il ne convient point de nier tout à fait l'excellente quiétude de certains d'entre eux, même un confort moderne qui ne date que d'hier ; et l'on peut encore comprendre que quelques diplomates, amoureux de repos, que quelques « pairesses » sur le retour de l'âge, ne choisissent point un autre gîte que celui que leur offrent les vieillots hôtels de la place Vendôme, de la rue de la Paix, des rues de Castiglione et de Rivoli ; mais les palaces seuls répondent au « mieux », au « plus confortable encore » qu'exigent les « modernes » voyageurs, qui débarquent des transatlantiques de la Cunard line ou de la White Star line, avec l'unique préoccupation de retrouver à Paris l'extrême confort des grands palaces européens et américains.

Aussi Paris, sans se faire prier, les a-t-il bâtis, lui aussi, ses palaces, avec un tel désir de bien faire qu'il a alarmé, on le sait, les gens accoutumés aux bâtisses peu élevées, étroites et d'aspect, assurément, tout de même, trop bourgeois. Et l'on a élevé le Majestic, l'Élysée-Palace, l'Astoria, le Carlton ; et demain, on en élèvera d'autres, au fur et à mesure de la conquête du reste de l'avenue des Champs-Élysées par les grandes sociétés financières...

Et, aussi bien, pourquoi s'étonner d'une telle floraison de palaces? Sans doute, l'architecture n'en est point louable ; elle est même abracadabrante et odieuse ; mais, il faut bien le répéter, la vie intime n'existe plus ; il faut maintenant courir le monde ; être aujourd'hui à Paris, quelques jours plus tard à San-Francisco, et quelques jours plus tard encore à Yokohama. Il faut retrouver partout toutes ses aises ; ne pas faire de différence entre le palace viennois, londonien et le palace parisien. Cela donc supprime le style ; et les architectes en sont fort satisfaits.

Et puis, et puis l'aspect du palace n'im-

porte pas, pourvu qu'il soit haut, et large,
et écrasant de faste. Ce qu'il faut, c'est que
le palace contienne tout ; qu'on y trouve
tout ; et qu'il abrite cependant, s'il est nécessaire, trois mille passagers ! Oui, il faut
qu'il soit un autre transatlantique, avec des
chambres, des salons, des bibliothèques,
une piscine, des salles de culture physique,
des salles de repos, des terrasses, des salles
de spectacle, de restaurant, des fumoirs,
des boudoirs ; et que l'on y soit secoué,
agité, lancé d'un étage à l'autre comme un
bolide ; avec seulement, de temps à autre,
de courts moments de repos, tandis que
des orchestres pizzicatent des valses lentes,
coupées des détonations du Mümm extra-
dry et du Rœderer !...

L'Élysée-Palace, l'Astoria et le Majestic
nous donnent généreusement toutes ces
chères sensations-là ! On y va même l'après-
midi en foule pour attraper au petit
bonheur une des trois mille tasses de thé
qui circulent, et une des pâtisseries qui
s'écroulent ici en avalanches ! Combien de
Parisiens encore s'y installent pour une
saison, comme en donna l'exemple, au
Majestic, Edmond Rostand, pendant les
répétitions de *Chantecler !* Séjour qu'il

convenait d'élire majestueux, afin d'entourer de pompe les études d'une pièce que le monde attendait, en haletant !...

Enfin, les banquets les plus parisiens, les fêtes mondaines, ne les donnons-nous pas, tous et toutes, au Carlton ? Nous sommes vite venus aux palaces ; et, désormais, nous y resterons. Le transatlantique, oui ; tandis que l'hôtel, c'est le bateau de famille ; quelquefois, si l'on veut, le yacht ; mais alors un yacht pour souverain fatigué, un souverain qui aurait trop aimé Paris ; c'est, tenez, le yacht Édouard VII, avec des moments de calme, de trop longs moments de calme ; ces journées si interminables quand on est sur pleine mer plate !...

Rendez-vous compte : comme vous paraissez « dessus de pendule », quand vous vous hasardez à louer un hôtel d'ancienne réputation, même illustre !... Autour de vous, vous voyez les gens sourire, et durement ils vous jugent... Il y a un auteur — précieux — qui vient loger dans un hôtel voisin de la Comédie-Française, quand Messieurs et Mesdames « les premiers artistes du monde » répètent une de ses pièces. Il veut être tout près du temple, étant, lui, très neurasthénique et très fatigué. Mais — voici où je voulais en venir, — il se cache de tous; il n'avoue pas cet hôtel, pourtant très notoire!...

Oui, nous n'osons plus les nommer, les grands hôtels d'hier seulement ; et nous acceptons le Ritz, bien qu'il soit place Vendôme, parce que c'est un lieu de rendez-vous aisé, central, un restaurant et un thé courus, un intermédiaire « amusant » entre le vieil hôtel mélancolique et le palace turbulent !...

B RILLAT-SAVARIN. Charles Monselet — puis notre confrère Louis Forest, déclarent sans ambages que « la cuisine française est la première du monde ! » — Il faut bien, certes, les croire sur parole, puisque cette suprématie nous est, au surplus, presque unanimement accordée.

La cuisine française !... donc la cuisine parisienne ! — et notre suprématie culinaire vient, peut-être, avec mille autres détails que je ne pourrais certes pas expliquer ! — de ce que nous déjeunons et dînons — à des heures à peu près régulières, à des heures en somme fixées par un usage excellemment traditionnel, — hors desquelles on ne saurait trouver, même à Paris, un repas vraiment à point ; cela à l'opposé de beaucoup de capitales européennes où toutes tables, à toute heure, sont toujours servies...

En gourmets que nous sommes, nous

avons imposé l'existence de deux sortes de restaurants : les restaurants d'hiver et les restaurants d'été. Pour déguster un plat choisi, il faut une certaine température, un certain décor, et quelques autres accessoires bien venus. On sait, par exemple, le grand rôle que jouent les fleurs sur une table. C'est tout un art que de savoir « les orchestrer » pour les plats qui se suivront.

De tous temps, il y a eu des restaurants fameux. Relisez Balzac, Flaubert, vous aurez des noms d'hier, présentés avec des détails pittoresques, alléchants. Quelques-uns de ces restaurants survivent, mais à peine achalandés ; et la caissière, la vieille dame que nous voyons toujours entre ses deux coupes d'argent, achève de se jaunir, comme les peintures allégoriques qui ont été peintes sur les murs, entre les glaces...

Pourtant l'un d'eux, et le doyen sans doute — car il date de quatre siècles ! — est là-bas, au bord de la Seine, au pont de la Tournelle ; et « le caneton Frédéric », l' « escalope de saumon Courtois », le « poulet farci », — il s'agit de la Tour d'Argent, — y ont une renommée mondiale. Les connaisseurs font ce voyage-là au moins une fois par an, qu'ils viennent de Chicago ou de Birmingham, — ou même de Paris.

Si vous voulez savourer un « poupton de volaille au sang à la Nantaise » ou un « Koulibiac de saumon moscovite » ou encore une « sole Strogonoff », c'est chez Larue, le roi des restaurants ou le restaurant des rois, qu'il faut aller. La carte y est chiffrée, bien que la cuisine y soit illustre.

On y goûte une intimité charmante, pas tapageuse, certes, comme au grill-room du Café de la Paix. Ici, c'est Babel plus que Paris. C'est un grill-room d'affaires, surtout. Il y a là tous les mondes. C'est un des vrais souvenirs de Paris.

Tout près de là, le Café américain est un restaurant…. autrement parisien, tout en étant aussi cosmopolite. C'est que les dernières demi-mondaines, — race qui tend à disparaître et que les naturalistes classeront bientôt parmi les fossiles ! — y rassemblent leurs derniers espoirs. Il est impossible d'être originaire de Caracolès (Bolivie) ou de l'Argentine — et de ne pas vivre quelques heures dans le grand salon du premier étage de ce café fameux. Vous voyez le tableau. Les peintres et les dessinateurs, seuls, ne le voient pas !

Lesbos et Cythère ! *Elles* deviennent nécessairement amies dans le même combat qu'elles livrent à la bourse de l'homme ; et si elles sont divisées parfois, elles retrouvent aussi très vite les douceurs des réconciliations, — guettées, essayées, abouties enfin dans des déclins de journée, quand la nuit inquiète.

Elles ont enfin, ce qui est louable, le respect des vénérables, des vieilles brisques, des chevronnées de l'Amour. — Les débutantes (celles-ci, le théâtre les prendra bien vite !) se montrent en effet avec envie ces galantes émaillées, vernies à la colle, qui gagnèrent un renom en servant fidèlement, et âprement parées aujourd'hui de bijoux coûtant gros, dotées de rentes sûres tarifées maintenant à de sérieuses sommes, fières de leur situation acquise, et si absolument heureuses de la suprématie exercée, des hommages qui durent, des désirs qui les poursuivent encore et des hommes qui, pour elles, se font parfois sauter d'une balle le dessus du crâne, comme une boîte...

Paillard, Noël Peters, sont, à leur tour, des restaurants d'hiver achalandés. Le décor y est plaisant ; celui de Noël Peters, plus doré, plus impressionnant, plus de *cliché !* On songe à toutes les belles filles du Théâtre des Variétés, les Schneider, les Judic, les Théo, qui venaient là ; et, ma foi, ces évocations vous font trouver un goût très savoureux à la « Poularde messaline », à la « bécasse au fumet » ou à la « salade Olga »...

Mais il y a des jours où l'on a l'âme à la bonne franquette, où un « poulet poêlé forestière », un « cœur de filet châtaignière » ou un « suprême de Béhague favorite » — vous suffiraient ! et, dans ce cas, c'est le café Riche qui vous espère. Celui-là, c'est un restaurant plaisant, joli et très parisien.

Le restaurant Marguery — si loin ! — est aussi, lui, un restaurant très parisien, tout en étant, non plus cosmopolite, mais très... provincial. Si la fameuse « sole Marguery » vous y attire, vous y retrouvez certainement le Président du Tribunal, le notaire et l'avoué de la grande ville que vous avez quittée, pour devenir un Parisien. Vous avez alors un peu de gêne, confessez-le ; et vous vous écriez très haut « que vous êtes là, ce soir, parce que vous allez au Gymnase ! » ; mais, par malheur, on joue, ce soir-là, une vieille « reprise ». *Ça* ne vous fait pas *reluire !*

Au contraire, c'est avec un air très fanfaron que vous entrez chez Prunier. Mais il faut y arriver de bonne heure, au déjeuner, pour trouver une table ; car on se rue dans cette maison de tous les coquillages et de tous les crustacés. Ah ! les huîtres ! les portugaises, les pieds-de-cheval, les cancales, les armoricaines, les ostende, les marennes, les natives d'Angleterre, de Zélande, etc., etc. !...

Il ne faut pas oublier aussi Champeaux, le restaurant des boursiers. Une chère fameuse, et un spectacle inattendu ; car *ils* sont calmes, maintenant !...

Vous les avez vus, s'agitant, se démenant, comme dans un préau d'asile d'aliénés. Revoyons-les. Tous de visages familiers.

Des quarts d'agents de change, encarcanés de cols roides et coiffés de chapeaux de forme haute, montrent les dents à des coulissiers exsangues, rasés, rageurs ; et ce sont plus loin des faces à la barbe mal équarrie, poivre et sel, des faces vidées, bilieuses, au nez tombant sur une moustache en brosse, à l'américaine ; d'autres, quêteuses, inquiètes, au nez pointant, chevauché par un binocle, au menton maigre et court, comptant à peine dans l'exagération du mufle ; d'autres, des exotiques dont les joues enflent, dont le bas de la face est persillé de poils, dont les yeux petits s'engraissent ; d'autres encore, des négros au lainage déteint ; d'autres, étalant une barbe formant serviette, satisfaits de leur moustache bien cirée, coiffés d'un chapeau rond à petits bords et l'œil tiré par un monocle ; d'autres, des exotiques, revêtus d'un pardessus bordé d'astrakan ; et c'en est d'autres qui inquiètent avec leurs visages de forçats africains, arrondissant des yeux luisants, à la sclérotique singulièrement blanche, affreuse ; et ce sont enfin les taillés à coups de hache dans du bois trop dur, à moustache poussant à la diable, aux favoris déjetés comme par un continuel coup de vent, les malins et les fureteurs de l'agio...

Les actrices, elles, vont assidûment chez Henry. Il leur est doux d'y entrer, avec des airs insolents, avec des airs de reines de planches. Quelquefois les mères les accompagnent, les « Madames mères ! », les mères d'actrices, j'entends ! et il est comique, n'est-ce pas ? de retrouver sur les épaules de la précieuse « maman », le manteau de cour que sa douce fille vient de lui abandonner !... Car il faut que, toutes les deux, elles aient un manteau royal : Henry étant un cuisinier également royal...

Au Café de Paris, où les reposoirs de fruits sont merveilleux, il est presque impossible d'y trouver une table au déjeuner. Parisiens et Transatlantiques s'y entassent et s'y concassent. Au dîner, plus tranquille, on y passe la revue des toilettes de Paris les plus impressionnantes.

Mais, foin de tout cela ! disent à leur tour les très vieux Parisiens et les fins gourmets qui conservent encore des cultes ! Ils vont, ceux-là, au restaurant, pour y savourer des mets et aussi pour y déguster de « grands vins ». Or, les « grands » vins n'existent plus guère en France. Les Russes, particulièrement, nous taillent de fameuses croupières, comme on dit, quand nous adjugeons nos crus illustres; et ce sont nos alliés qui les boivent, les fameux vins de France, à notre santé !

Nous ne tenons même plus à nos vieilles maisons, à nos anciennes renommées. Rien que ces jours passés, nous en avons tué deux : Durand et le Café Anglais.

Nous allons à grandes enjambées vers les repas Berthelot, vous savez, les fameuses tablettes !... Nous déjeunons en courant, nous dînons à la hâte, et nous soupons en bâillant. Sera-ce bientôt la fin de nos Vatels ?

Voisin nous reste, c'est vrai ; mais pour combien de temps ? gémissent les vieux Parisiens. En attendant, comme elle est intime et vénérable, cette bonne maison, où quelques excellents vins dorment encore — paisiblement — pour réjouir les derniers palais délicats ! Comme les mets y sont savoureux et onctueux !... mais... mais... les Transatlantiques, qu'en pensent-ils, vraiment, de ce restaurant !... Enregistrons leur opinion ; car ce sont eux déjà qui mènent Paris par le bout du nez !...

Oui, je sais, quelques autres maisons louables demeurent. Entre autres, Lapérouse, d'aspect si joliment désuet, là-bas aussi, au bord du quai. Lapérouse et sa clientèle de magistrats, de savants, d'artistes et d'académiciens. Lapérouse, qui n'a pas son pareil pour présenter le « caneton à la rouennaise » et la « bouillabaisse parisienne !.. ».

On goûte aussi à des mets fameux chez Foyot, la maison des Sénateurs — et des plus jolies actrices de la troupe d'Antoine. Elles sont peu nombreuses ; elles valent d'autant plus !... Des anciennes : MM^{lles} Colonna Romano et Pouzols de Saint-Phar, des noms très modestes et très « servatoires », y ont fréquemment savouré le « homard Foyot », la « côte de veau Foyot» et le « caneton Montmorency ». Antoine exige tant de travail de ses pensionnaires : il faut réparer ses forces !...

Une autre fois, étant en bonne fortune, on monte tout d'une traite, là-bas, jusqu'à la gare Montparnasse, et l'on tombe chez Lavenue. Beaucoup de cabinets particuliers. Les artistes, les peintres et les sculpteurs « arrivés », y sont fêtés. C'est un décor tout fait pour une nouvelle « Femme nue » d'Henry Bataille. Il choisira ce décor-là, quand il sera devenu tout à fait Parisien. S'il savait combien de tristes et vieux membres de l'Institut y oublient, pendant une heure, leur diabète ou leur artério-sclérose !... Lavenue, c'est comme le Robinson de M. Bonnat ou de M. Puech !...

. . . .

Aimez-vous maintenant les restaurants étrangers, ceux qui peuvent vous faire accroire que vous êtes en Angleterre, en Italie, en Espagne, etc., etc. ?... On n'en a pas *mis* partout ; mais il y en a.

L'Angleterre est représentée par l'English Tavern, rue d'Amsterdam, et par la Taverne anglaise, rue Boissy d'Anglas. Copieux roast-beef et mutton shop, arrosés de pale ale et de stout, — avec des puddings, des confitures, et une troupe plutôt respectable de liqueurs d'Outre-Manche.

Un restaurant viennois? Vous en trouverez un rue d'Hauteville. Tous les plats nationaux, la vraie bière de Pilsen, et tous les vins d'Autriche et de Hongrie.

Les restaurants italiens abondent. Les Parisiens en sont très friands, — surtout le monde du théâtre : je veux dire, directeurs, cabotins, etc. Tenez, Jules Claretie va souvent chez Arrigoni, — et Jean Coquelin chez François Poccardi. Ces dîneurs ont le goût fin ; ils hantent les deux meilleurs restaurants que nous a envoyés l'Italie, cette sœur latine !... Il convient d'y savourer le « risotto à la milanese », les « canelloni à la napolitaine », le « giambonetti bergamasca », les « ravioli al pollo », les « rognoni à l'Argentina », les « escalopes à la Florentine » et le « Manzo al Barbera », que de mets, n'est-ce pas ? Mais vous les arroserez aisément de Chianti, de Falerno, d'Asti spumante, de Moscatello ou de Lacrima Cristi. Mais, n'est-ce pas? encore, que tous ces titres sont charmants, sautillants; et ne croirait-on qu'ils s'appliquent à des personnages de la Comédie italienne, valsant, gambadant, à travers les treillages de ces restaurants incontestablement très gais?...

Au restaurant espagnol de la rue du Helder, c'est, par contre, un coin de posada, mais loin de la route, un coin tranquille, sans exubérance, où vous feriez votre régal du « ragoût à la madrilène », du « pot-au-feu à l'espagnole » ou de la « morue à la basque », — sans plus !

Quand vient l'été — ah ! un été chaud, bien entendu ! — tous ces restaurants-là ne sont plus possibles. De même que vous changez les mets, de même il vous faut d'autres décors ! Et c'est alors que s'ouvrent les restaurants d'été.

Ledoyen est le premier couru. Car il est prêt dès qu'on a accroché les toiles de la Société Nationale, à la mi-avril. C'est chez lui qu'on fête ce premier vernissage ; et l'on s'y trouve fort agréablement, dans ce joli décor si amusant, qu'on le prendrait pour un établissement de bains, rose et blanc, dans l'ancienne Hellade. Un peu trop de « saumon sauce verte », célébré par tous les peintres ; mais Ledoyen, tout le premier, se défend de ce poncif. Il présente beaucoup d'autres mets !...

En face, un peu plus tard, se fleurissent les terrasses des cafés-concerts : l'Alcazar et les Ambassadeurs. On y dîne — et l'on s'y attarde pendant toute la durée du spectacle.

C'est alors qu'on peut se rendre compte de ce qu'une Parisienne peut boire de vins et de spiritueux sans en être incommodée, — uniquement, dit-elle, « parce que la musique chante ! » Cette nouvelle Danaïde ne jette aucun liquide en dehors de son propre estomac ; et, cependant, ô miracle ! il ne se remplit pas. A peine, tout à l'heure, ses yeux seront-ils un peu chavirés ; à peine tiendra-t-elle un peu plus de légers propos !

Et elle sera charmante ainsi ; elle jouera près de vous, autour de vous, une scène que les auteurs de la revue là-bas (ils sont toujours deux ! comme les frères Fischer) seraient très flattés de prendre à leur actif. Elle sera naturellement sotte et enjouée ; elle sera mieux que la commère maniérée et agaçante à souhait !...

Et vous-même, vous resterez jusqu'à la fin du spectacle ; car, un peu alourdi, vous n'aurez pas la force de vous en aller, de quitter la petite table de laquelle vous voyez tant de gens écouter béatement les flonflons d'airs cent fois centenaires, serinés par un orchestre en délire, sous des globes lumineux et sous les feuilles des marronniers si adorablement veloutées par la belle nuit.

Et puis vous attendez ces deux vedettes du café-concert, ces deux gloires de Paris : Dranem et Mayol !

Le premier est décidément un jovial et rondouillard nigaud qui dilate les rates. Ses rires, ses maladresses de gestes et de mots, ses ahurissements, ses cocasses manières de poser ses jambes, ses mains, ses façons de jouer avec son nez, de relever ou de rabaisser le bord de son chapeau, en font certainement un comique énorme et réjouissant. L'on comprend que la foule exulte et tapage en le voyant, en l'écoutant, après tellement de mornes cabotins qu'elle a dû subir. Cet actif, ce généreux pitre fait, c'est entendu, toujours la même chose ; mais il est toujours si complètement balourd que les plus grincheux s'esclaffent. Et ce sont des rires épais, de copieux bravos qui s'aplatissent alors sur

sa bedaine, tandis qu'il continue à dode-
liner de la tête, à tirer sur son nez, à remuer
lourdement des pieds !

Mayol, lui, élégant, fin, tête de poupon
ou d'archange-arsouille, toupet et homme-
fleur, danse, va, vient, pirouette, et ce
sont des grâces, des fesses qu'il tend, du
ventre qu'il retire, des glissements menus
de petons vernis. On voudrait le griffer, le
battre, défaire sa raie, bien le secouer, lui
arracher sa fleur ; mais, tout de suite, il est
si efféminé, si tendre, que le courage vous
manque ! Et on l'entend, et on ne le
regarde plus, et l'on ne veut plus le regarder ; — on entend sa voix, cela suffit, sa
voix gaminement gaie, sa voix de demoi-
selle qu'on chatouille et qu'on violente !...

Le lendemain, ce sont les courses, et
ce sont les dîners dans les restaurants
du Bois. Au Pavillon d'Armenonville,
d'abord, exquis décor dans les arbres, au
bord d'un lac minuscule. Les dernières
demi-mondaines (il y en a toujours !), les
actrices, les viveurs ; les dîners si gais du
soir, des soirs de chaleur, avec les jolies
lumières qui fardent les visages !... Armenonville surtout de la nuit tout à fait venue

maintenant. Toilettes, lumières plus vives, féeriques reflets dans le petit lac. Villa normande dont le rez-de-chaussée a été transformé en une volière étincelante de dîneuses. Chasseurs-aboyeurs qui activent les automobiles. Tziganes qui râclent. Blancs plastrons des dîneurs, arbres en boule. Là-bas, rougeoie la lueur de Luna-Park ; et les dîners s'achèvent, tandis que les fourrés se remplissent de couples populaires...

Mais l'on dîne aussi plus loin, au cœur du Bois, dans cet exquis Pré-Catelan, décor de ferme cossue et fleurie. Et l'on y va même dès le matin, après une nuit lourde, pour y boire la tasse de lait fraîchement trait.

Et il y a encore d'autres restaurants fameux dans le Bois : le château de Madrid, la Cascade. Le premier eut son heure de grande célébrité — historique — avec les dîners qu'y présidait le financier Arton, cet adroit et galant viveur. On se disputait l'honneur d'y assister. Toutes les moins laides sociétaires ou pensionnaires de la Comédie-Française et autres lieux se réjouissaient d'être ses invitées. La Littérature, celle des Académies, portait des toasts après boire ; tandis que tout le corps de ballet (l'Opéra était aussi de la fête!) mimait la danse des « poires » !...

Il reste enfin là-bas, au fond du Bois, l'Ermitage. On y dîne sous des petites tentes et sous des parasols. Et, comme partout ailleurs, car ils sévissent partout, les tziganes, on y entend murmurer, soupirer et rugir, tous les chants, toutes les plaintes et toutes les colères d'un inépuisable répertoire d'amour !...

Deux restaurants de banlieue.

Ils sont « typiques » et plaisants. Le premier, c'est le pavillon Henri IV, à Saint-Germain. On y va si aisément, en été, par la route du Vésinet et du Pecq.

La petite ville a bien perdu de sa gaieté; hélas! comme toutes les anciennes demeures royales. Mais le pavillon Henri IV est charmant, lui, gîté au bord de la superbe et longue terrasse fameuse, qui domine la vallée. Les petites tables sont là, toutes prêtes, toutes parées, comme au théâtre; et elles attendent les convives, leurs lumières allumées. Mais c'est le seul coin joli; car le parc, comme il est noir avec la façade de son beau château désert!...

Le second restaurant, le Pavillon Bleu, à Saint-Cloud, est incontestablement plus animé et il nous donne ce soir cette surprise :

Oui, Il est là, le voici de nouveau, le

fameux Virtuose de l'œillade, le Vrai,
l'Unique ; Il s'offre ce soir, à Saint-Cloud,
sur la terrasse fleurie du Pavillon-Bleu ; des
pancartes sur le pont l'annoncent ; c'est
l'appât à la folie des Parisiennes ; et il est
sûr et encore triomphant (du temps passé,
pourtant !) car elles se bousculent ici, ce
soir, les détraquées et les hallucinées, dont
la frénétique ardeur nous émerveille !

Il est là ; l'Adonis vieilli, obèse, court,
au visage de marchand de tapis. Et Il saisit
son violon, et la minute est solennelle.
Terre, suspends ta course, le Tzigane va
chanter ! Il chante.

Ah ! de quel œil amoureux, passionné,
elles le contemplent, toutes les sensitives
créatures ! Et Il les fixe tous, ces yeux chavirés, le gros baladin ; il les gobe tous comme
des huîtres ; et il s'avance, il se penche vers
elles, il leur sourit ; il joue du violon en se
courbant, en se baissant, en dardant des
yeux ronds de bœuf, en faisant des grâces,
en arrondissant le bras, la jambe ; et son
violon a des cris, des sanglots, des révoltes
et des bondissements de sons ! et le voilà
enfin au milieu de ses proies, le bellâtre à
la lourde tête casquée de noir et à la forte
moustache chargée d'ombre : et il les tient

suspendues, accrochées à son archet; et il les respire, et il les embrase; et voici, ô suprême merveille, ô dernier geste de passion, son genou droit qu'il met en branle et qu'il remue toujours, toujours, d'un petit mouvement très doux, rythmé, qui embrase toutes ces folles, qui se pâment maintenant et bavent de désirs inassouvis!...

Et les pancartes annoncent pour demain le tango!

Ah! ce ne sont pas des restaurants de tout repos, les restaurants de banlieue!...

Cafés et bars.

LE plus étrange « décortiqueur » que les Lettres françaises aient jamais produit, a écrit un jour ceci :

« Certains breuvages (J.-K. Hüysmans : *Les habitués de café*) présentent cette particularité qu'ils perdent leur saveur, leur goût, leur raison d'être quand on les boit autre part que dans les cafés. Chez un ami, chez soi, ils deviennent apocryphes, comme grossiers, presque choquants. Tels les apéritifs. Tout homme, — s'il n'est alcoolique, — comprend qu'une absinthe préparée dans une salle à manger, est sans plaisir pour la bouche, malséante et vide. Enlevés de leur nécessaire milieu, les dérivés de l'absinthe et de l'orange, les vermouths et les bitters blessent par la brutalité de leur saveur ardente et dure. »

Dans l'une de ses boutades rapportées par M. Bergerat, Théophile Gautier (de son

côté) affirme que l'attrait du café est triple.
— Il satisfait d'abord, disait-il, un besoin
de vie publique et se substitue à la vie de
famille dont on est las. — Puis le café est
le temple du dieu Tabac, et c'est là que l'on
fume bien, et non ailleurs. — Enfin,
ajoutait-il, sa séduction n'est que le goût de
l'abrutissement par la boisson.

Tout cela est vrai ; et qu'il y ait encore
d'autres raisons pour justifier l'attrait des
cafés, — et il y en a encore beaucoup
d'autres ! — le café, à Paris, est toujours
très achalandé, mais il s'est transformé, lui
aussi, — et presque radicalement.

Si l'on excepte, en effet, quelques rares
cafés ayant un ensemble de coutumes
anciennes, tous les autres cafés et brasseries
n'ont plus rien à voir avec les cafés célébrés
jadis, — et même hier !

Avec le café Tortoni, sur le Boulevard,
disparut le « type » des cafés où presque
toujours les mêmes habitués se retrouvaient,
aux mêmes tables, pour deviser surtout,
pour « faire des mots » qu'ensuite tout
Paris se répétait. Nous verrons tout à l'heure
que, presque seul, le Napolitain ou Napo,
reste comme un fossile de cette époque-là,
que représentaient, en tant qu' « habitués

de café », les Aurélien Scholl, les Banville, les Paul Arène, les Armand Silvestre, les Charles Monselet et tant d'autres.

Le café d'aujourd'hui, c'est le café ouvert à tous, — jamais il n'y eut telle invasion d'étrangers et de provinciaux ! — avec des orchestres qui ont chassé définitivement toutes les conversations possibles ; et où l'on entre et d'où l'on sort, en hâte.

Le café d'aujourd'hui, c'est aussi les « terrasses » élargies, encombrantes. Mais combien peu de Parisiens s'y font voir, s'y asseoient. Elles semblent réservées à toutes les cohortes étrangères qui ne cessent point d'envahir Paris, — et aussi à ces provinciaux et coloniaux imprégnés de « Parisine » qui ne peuvent s'empêcher de revenir sur le Boulevard, à des dates fixes.

Et, pour tous ces « passants-là », l'heure de l'apéritif est une heure sacrée, impérative.

En voici un aspect d'été — et dominical :

En attendant que le ciel devienne rose, les pieds collent sur l'asphalte mou du Boulevard, en même temps qu'un double courant de foule déferle, s'assied à des cafés ou s'engouffre dans les « passages ». Les voitures claquent, claquent sur le pavé fraîchement mouillé, se dépassent de vitesse ou brusquement s'arrêtent ; puis ce sont les lourdes voitures de courses que traînent des chevaux faméliques, des chevaux de caravanes, qui rentrent ; — et l'on s'arrête, et des gens descendent, et l'on repart dans le soleil qui cuit la rue, qui traverse sans peine la floraison menue des arbres.

Le dimanche, c'est l'heure mauvaise du Boulevard, cette heure où le Paris des petites affaires s'offre l'hebdomadaire jouissance de s'asseoir au café Napolitain, au Pousset, au Zimmer ; car les familles qui détiennent les tables, où de ridicules saintes-nitouches dégustent des glaces, où de vilains mômes aspirent des sodas, n'offrent pas cet aspect plus vif de l'ordinaire public, cabotins et boursiers, journalistes et filles, C'est, cette fois, la cohue d'un tas de gens de comptoir, le risible étalage de gens qui travaillent toute la semaine à grossir des rentes, pour satisfaire cet idéal rêvé. : la campagne, et dont la façon de boire justement agace. Car — observez-les ! et vous les verrez vider des carafes d'eau dans les pâles vermouths, épuiser le rouge de la groseille, faire que cette agréable couleur « cuisse-de-nymphe », menée à point, de l'orgeat et de la grenadine, devienne une bouillie répugnante, couleur de sanie, — alors que tout auprès, égaré, sans doute ayant été contraint de sortir ce jour-là, le dernier Boulevardier touche à peine des lèvres un verre menu, exigu, fragile comme une dentelle.

Et les terrasses bientôt regorgent, les cafés, à l'intérieur, sont pleins. Devant, les camelots, la main appuyée contre l'oreille, éructent des boniments, clament des journaux. Un autre, défait, fourbu, péniblement profère : « Demandez la reproduction des principaux tableaux du Salon, dix centimes. » Qui les appelle ? Personne. Sans espoir, ils s'en vont plus loin, en traînant les jambes ; et les coups, ce temps, pleuvent drus sur les chevaux ; de hideux margouignats, juchés sur des sièges, quêtent des clients ; d'autres, à son de trompe, emmènent de vrais Parisiens affolés par le dimanche ; — et ça sent l'absinthe et le crottin mouillé...

En semaine, il y a ceci au moins qu'on court la chance de rencontrer, au café, des Parisiens, dans la foule des étrangers et des « départementaux » qui assiègent encore toutes les tables.

Au Grand-Café, au Café de la Paix, il y a des heures aimables, presque réservées. Le matin, par exemple, avant l'heure du déjeuner. C'est alors un public restreint de boulevardiers qui goûte, vraiment, le Boulevard, qui le « déguste » ! Ils sont si extraordinaires, les matins de Paris, dès qu'on a entamé le Printemps. Les douces flâneries sur ce boulevard de la Madeleine, si fastueux, et sur ce boulevard des Capucines, si vif, si gai ! Tous les Parisiens et toutes les Parisiennes qu'on y rencontre, si parés et ornés, tous et toutes !...

Puis on gagne le Napolitain, demeuré hospitalier aux gens de lettres, aux journalistes, aux bretteurs, et aux gens de « toutes affaires », les financières, les sportives et les autres ! le Café Napolitain, sauvé de l'envahissement anonyme par la volonté aimable de Catulle Mendès, lui, l'« éternel habitué », et que, maintenant, Ernest Lajeunesse remplace !... Des candides provinciaux viennent là pour y surprendre quelques propos spirituels, quelques conversations savoureuses ! On ne prête qu'aux riches ! Hélas ! ils sont souvent déçus, ces braves gens ! et pourtant Hugues Delorme a voulu, une fois pour toutes, les mettre en garde par une « nouvelle » plaisante ; mais tous les provinciaux, il y en a tant ! ne connaissent pas encore la « nouvelle » écrite par notre confrère.

Vetzel, le Café Riche, le Café Américain, ont également une illustre renommée. Les cinq à sept du Café Riche, surtout, sont fameux : on y rencontre beaucoup de Parisiens ; mais ils se tiennent dans la grande salle, obstinément.

Le Café Cardinal collectionne, lui, beaucoup de journalistes, d'éditeurs, de médecins et des gens de cercles. C'est, on le voit, un café également très parisien. Quelques coloniaux aussi comptent parmi les habitués. Mais ils vont surtout à la taverne Weber, qui attire, elle, tous les consuls « qui n'ont pas encore rejoint » et tous les gouverneurs de colonies en congé. Tous ces gens-là font une foule !

Au Pousset, beaucoup d'hommes d'affaires, des officiers en civil, des managers de boxeurs, des directeurs de cirques, des avoués et des notaires de province, des acteurs enfin viennent y contempler Antoine, qui s'y attarde souvent, — car il s'ennuie décidément dans son théâtre ! Brieux — quand il est à Paris, — M. Lucien

Jusseaume et M. Fauchois lui tiennent compagnie.

Mais le café peut-être le plus parisien, le plus agité, le plus remuant, c'est le Garnier. Celui-là, c'est surtout le rendez-vous de *toutes* les affaires; et, vers sept heures de l'après-midi, il n'y a plus une place libre. Gens de cercles, jockeys, entraîneurs, book-makers, tracent des chiffres, calculent, distribuent des parts. Et les filles y sont en nombre, drapées sportivement, enragées elles aussi sur des « programmes » qu'elles pointent et couvrent de crayonnages, passionément.

. . . .

Les bars distillent encore de la « Parisine », mais plus exaspérée, plus vive, plus pénétrante ; et les vrais Parisiens, les vrais connaisseurs, certes, j'en suis assuré, ne me contrediront point sur cette affirmation.

Aussi, je demande, à propos de ces « gîtes » quelquefois terribles, qu'il me soit permis d'évoquer, à travers eux, deux artistes disparus, qui furent, l'un et l'autre, assurément — ou personne ne le sera ! — ce qu'on appelle des Parisiens.

Tout d'abord, tous les bars de Paris, je les ai bien hantés et aimés, en compagnie

de cet Henri de Toulouse-Lautrec, qui reste
le plus singulier, le plus attirant, le plus
extraordinaire artiste de son moment. Il
avait alors son atelier rue Tourlaque,
et, vers la fin de l'après-midi, j'allais le
prendre pour l'emmener dans les « Bode-
gas » et autres « Criterions », dont le décor
et les hôtes, au moins autant que les spiritueux, l'enchantaient. Il s'était, d'ailleurs,
depuis longtemps enthousiasmé pour tous
ces milieux qu'il interprétait, si originale-
ment ; et je le revois très gai, très éveillé,
très dispos, dès qu'il entrait dans ces salles
qui fleurent la térébenthine, les alcools dis-
tillés, et où des gens, à allure si plaisante de
sportsmen, se tiennent perchés sur de hauts
sièges.

Les barillets bien rangés, la verrerie de
couleur, les clinquantes réclames des bières
anglaises, des champagnes, des long-drinks
et des gin-whiskies, allumaient tout aussitôt
au fond de son regard de gnome, d'ardentes
convoitises. Il vivait là, intensément et
magnifiquement. Tout son art exaspéré,
déformé, toute sa féroce expression de la
face humaine, tout son génie de Little Tich
fait peintre, il le doit bien aux soubresauts,
aux convulsions, aux cauchemars de l'alcool,

qu'il absorbait là par tous ses sens, — on
peut le dire ! — car il les contemplait, il les
respirait, au moins autant qu'il les buvait,
les fortes et redoutables liqueurs.

A voir opérer les garçons en veste blanche, il n'avait pas tardé à gagner une tenace
passion pour la préparation des cocktails.
D'essais en essais, il y excella vite ; et pour
le contenter, il ne fallait pas le louer comme
peintre, — ce qui devint bientôt à la vérité,
vain ! — mais savourer très clairement le
contenu du petit gobelet qu'il vous offrait.
S'il voyait alors vos yeux briller, si toute
votre face éprouvait un plaisir manifeste,
vous deveniez presque son ami, en tous cas
un hôte au moins à son idée, en la compagnie duquel on se peut récréer !

Je crois bien, maintenant, quand je songe
à tout ce passé, que, curieusement et
ardemment, par satisfaction physique et
nécessité intellectuelle, Lautrec goûta de
toutes les boissons spiritueuses connues.
Certainement, il ne les citait pas par ouï-
dire, car il en parlait trop bien. Et alors que
je m'en tenais, moi, à quelques formules de
short drinks ou de gin-whiskies, il réclamait,
lui, tous les spiritueux indistinctement et à
forte dose, comme l'essence qui devait ali-

menter son organisme contrefait et génial.
Mis, après ces brûlantes ingestions, en présence d'une fille, dans un bal public, au
théâtre ou au café-concert, c'était toujours
— on l'attendait ! — un chef-d'œuvre qu'il
exécutait le soir même ou le lendemain,
pour la longue suite des merveilleuses
œuvres qu'il nous a laissées...

Plus tard, en l'autre compagnie de Jean
Lorrain, je revins dans ces bars, et j'y re-
trouvai avec joie l'odeur d'hier, la même
verrerie, les mêmes aspects des choses. Les
temps héroïques toutefois étaient passés !
Lorrain n'aimait pas les spiritueux. Il réclamait — dois-je l'écrire ? — des tasses de
camomille ou de thé ; mais les habituels
hôtes le divertissaient, et, seuls, ils suffi-
saient à l'attirer.

Longtemps, nous fûmes les clients d'un
bar gîté (il existe encore, et tous : la Bodega,
le Criterion, le Fouquet's, Maxim's, le
Gerny's, etc., etc.), gîté dans les entours des
Folies-Bergère. De onze heures à deux
heures du matin, il s'y tenait réunion d'acrobates et de filles ; et, au moment des luttes,
tous les lutteurs s'y retrouvaient, même
ceux qui ne paraissaient point sur la scène
de la rue Richer. Raoul le boucher, resté

gosse, y taquinait les Turcs ; et il était surtout la bête noire de Nourlah le colosse. Paul
Pons n'y faisait que de rares apparitions ;
mais tous les autres y figuraient : Laurent
le Beaucairois, Apollon, Eberlé, Constant
le boucher, Vervet, beaucoup de moins
notoires aussi qui écoutaient, avec recueil-
lement, les prouesses des ténors de la ceinture.

Au dernier moment, souvent quelques-
uns se faisaient tirer l'oreille pour aller au
tapis, — Dame ! il faut vivre ! — et le régis-
seur des Folies envoyait alors ambassade
sur ambassade, avec promesse de quelques
louis en plus, pour ramener sur le plateau
les lutteurs que le public, à grand tapage,
réclamait.

Nous allions encore, à cette époque, Lorrain et moi, dans un bar de la rue d'Amsterdam, où s'attardaient quelquefois des
entraîneurs et des jockeys venus pour les
courses, à Longchamp ou à Auteuil. A l'intention de sa clientèle, le patron avait
décoré son établissement, — une longue
salle en boyau, — de quelques gravures en
couleurs, représentant des chevaux illustres.
On y voyait aussi des courses fameuses, les
Eclipse Stakes et le Derby, et encore des

chasses en Écosse et dans les comtés. Mais le meilleur du décor était certainement constitué, non pas par l'ordinaire étalage, ici très considérablement augmenté, de la verrerie de couleur, des barillets, des pompes à bière et du comptoir haut situé, mais par un étal vraiment imposant de comestibles !

Il s'étageait là, autour de la caisse, un miraculeux et délectable amas de jambons, de roastbeefs, de poissons au court bouillon, de céleris dans des carafes, des poissons fumés et de condiments, dont l'aspect seul dardait vos papilles endormies. Devant un aussi somptueux reposoir de mets, j'ai toujours admiré comment Lorrain pouvait dîner là et ne pas toucher, — hygiène et régime de malade ! — à de telles offrandes culinaires ! Mais c'est ainsi que l'on peut comprendre la longue lutte de ce rare écrivain contre toutes les maladies qu'il portait en lui, et qu'il méprisait avec les formes de l'esprit le plus brillant et le plus brave que j'ai connu !

Au fond, l'attrait des bars est certain. Même influence du milieu : le client, quel qu'il soit, y devient, dès qu'habitué, plus curieux, plus intéressant à observer que partout ailleurs !

J'ai été l'hôte aussi d'un autre bar, dans le
quartier des Champs-Elysées, où l'on vivait
d'amusantes heures à considérer les hommes
d'écurie, les « premiers grands conducteurs »
d'automobiles et les filles qui le hantaient.
On n'y entendait qu'exploits de courses et
de cracks, dans une langue qui était autrement savoureuse que celle usagée dans les
cafés du Boulevard. Les filles elles-mêmes y
étaient toutes sportives par leurs mines
hardies, leurs accoutrements simples, leur
blague audacieuse, leur crânerie à répondre
aux attaques sexuelles. Et l'on s'y trouvait
généralement entre habitués, peu nombreux. Toutefois, pendant quelques soirs, il
y eut foule : le pugiliste Jeffries, venu à
Paris pour « rencontrer » des mazettes, en
étant le client sensationnel.

La splendide brute qu'était alors cet
homme ne tarda point à sacquebuter les
petites femmes frêles qui essayaient de se
viriliser en absorbant force Irish whisky et
Brandy Cold ! Elles regardaient avec émoi
cette face dure, cette terrible nuque, cette
poitrine formidable et ces énormes poings.
Lui, il ne bronchait pas ; seulement il se
demandait peut-être pourquoi on lui avait
fait traverser l'Atlantique, afin de l'opposer

à des claquettes, que, d'un « crochet », il
écrasait !...

Autre chose, encore : le bar est, indéniablement, un milieu où couvent, à côté des
ambitions satisfaites, des espoirs sportifs.

L'Aéro-club n'est-il pas né au plein de
Maxim's ?

Vous connaissez l'aventure ? Des jeunes
hommes riches, actifs, ne trouvent plus de
joie à absorber toute la soirée et toute la
nuit des Mountain Dew et des Sherry Flip,
aux côtés de filles empanachées et puériles ;
ils songent à user d'un autre sport plus neuf
et plus viril. Ils discutent, s'arrêtent au
ballon, au dirigeable, constituent tout aussitôt une sorte de franc-maçonnerie de har-
diesse et de gloire. Certes, n'en déplaise aux
moralistes sportifs, — car cette engeance
existe ! — c'est bien de chez Maxim's qu'il
faut dater le véritable, le sensationnel essor
de l'aérostation, par les Santos-Dumont et
les Jacques Faure...

La morale, même sportive — si toutefois ce n'est pas le fait d'une simple hypocrisie ! — peut peut-être mieux réprouver les bars spéciaux, unisexuels, (les Palmyre, les Hanneton, etc.), où les sexes
cherchent à réaliser, assure la chronique

pudibonde, la prophétie d'Alfred de Vigny !

Elle peut d'autant mieux réprouver ces bars (et encore, pourquoi ?), qu'on n'y retrouve pas — est-il besoin de le dire ? — non seulement les clients et les clientes, si plaisants, si intéressants à écouter, si amoureux toujours du sport en général, mais encore aucun des décors jolis, avenants, par quoi se constituent les vrais bars, les seuls où, dans la verve de conversations sportives, scandées parfois de syllabes britanniques, il soit vraiment agréable de manger un irish stew ou un hot roast beef, posé sur une petite table qui fleure bon, au pied du comptoir où des garçons, d'un geste précis, manœuvrent des pompes à bière, ou encore, à petits coups secs, battent l'essence vraie, forte et roborative d'un précieux John Walker !...

Nous vivons dans des temps calmes. Aussi, avons-nous remplacé les ardents cercles politiques d'autrefois, par un grand nombre de cercles mondains, où les échanges de propos ne sont guère que de brèves accalmies dans la « rafale » du jeu !...

Il est vrai — et je me hâte de le dire — que la plupart des grands cercles parisiens datent de quelques lustres. Mais ces cercles — très fermés — ont été presque toujours pacifiques ; et donc ils n'ont guère fait descendre — même les plus entreprenants de leurs membres, dans la rue !...

Tels ils étaient hier, tels ils sont aujourd'hui.

Quoi de changé, en effet, sinon les Présidents, dans le Cercle de l'Union, dans le Jockey-Club, dans le Cercle Agricole ou dans le Cercle de la rue Royale ?

Ces grands cercles — fossiles — respec-

tent farouchement leurs traditions, et ils
ont un code — intérieur — que le vulgaire
ne peut connaître. Saluons ces vénérables
temples ; et arrivons à des cercles plus vivants, plus ouverts.

Le cercle de l'Union artistique, présidé
par M. le marquis de Ségur, a une Commission de Littérature : Président, M. Paul
Bourget ; une Commission de peinture :
Président, M. Léon Bonnat ; et une Commission de musique, que préside M. André
Messager.

Encore des Commissions, et des Jurys en
plus ! une section de photographie, etc.,
etc., au Cercle artistique et littéraire ou
cercle Volney. Là, beaucoup de peintres et
littérateurs mondains se sont engouffrés.
Aussi le cercle Volney organise des expositions qui sont très courues. L'originalité,
par exemple, en est sévèrement exclue.

Des salles d'armes — que ceci soit dit une
fois pour toutes, — sont toujours installées
dans les cercles. Cela, n'est-ce pas ? s'impo-
sait en ces temps de régénération physique
et d' « athlètes complets » !

Et il y a bien d'autres cercles, au choix :
le Sporting-Club, que préside M. le duc de
Brissac ; le Grand-Cercle, celui-ci très

ouvert aux Israélites ; l'Automobile-Club
de France, que préside M. le baron de Zuy-
len de Nyevelt ; l'Aéro-Club de France, présidé par M. Henri Deutsch ; la Société du
Polo, qui a à sa tête M. le duc de Doudeau-
ville ; puis les Sociétés de Courses : la Société d'Encouragement, présidée par M. le
prince d'Arenberg ; la Société des Steeple-
Chases, président : M. le prince Murat ; la
Société sportive d'encouragement (Maisons-
Laffitte, Saint-Ouen et Enghien), que préside M. Robert Papin ; la Société de Sport
de France, dont les destinées sont confiées
à M. le comte Greffulhe.

Enfin, parmi les principales Sociétés
sportives et mondaines, il convient de nommer :

L'Etrier, que préside M. le comte Po-
tocki ; les Guides, président : M. le duc de
Noailles ; la Société hippique française (qui
organise le Concours hippique), avec, pour
président, M. le baron du Teil ; la Société
de sport de l'île de Puteaux, présidée par
M. le vicomte de Janzé ; le Yacht-Club de
France, que préside le vice-amiral Humann ;
la Société centrale pour l'amélioration des
races de chiens en France, présidée par
M. le comte de Bagneux ; le Saint-Hubert

Club de France, président : M. le comte Justinien Clary ; la Société de Vénerie, présidée par M. le marquis de l'Aigle ; les salles d'armes enfin ; et les Sociétés du Pistolet, du Fusil de Chasse, etc., dont les principales sont entre les mains de sportsmen réputés.

Comme club de boxe, le seul Pelican Boxing Club.

Enfin, viennent les cercles très ouverts, dont le jeu est l'unique raison d'être. Voici les principaux :

Le Central des Lettres et des Arts ; le Club anglais ; la Fédération philatélique de France ; le Travellers Club ; l'Haussmann, etc., etc.

Plaisirs de Paris

C'EST une passion bien connue que celle des Parisiens et des Parisiennes pour le théâtre. Dans leurs divertissements, rien ne passe avant celui-là. Les Parisiennes, surtout, ont pour le théâtre un amour sans limites, qui les pousse aux pires bienveillances.

Et, en effet, je le demande : existe-t-il une autre ville au monde qui supporterait, sans en être effroyablement lassée, les mêmes auteurs usés, dépecés, et les mêmes acteurs et actrices, retournés, pour la plupart, à la seconde enfance ?... Oui, nous en sommes à ce point que nous ne pouvons admettre parmi les « grandes coquettes » et surtout parmi les « ingénues », que des actrices sexagénaires, devenues obèses ou, au contraire, plus amaigries que des sauterelles. Nos « jeunes premiers », parallèlement, nous ne les tolérons que lorsqu'ils ont passé aussi la soixantaine et qu'un tas de maux physiques les affligent ! Par contre, bien entendu, les rôles de « financiers » et de « duègnes » sont tenus par des jeunes gens et des jeunes filles à peine échappés de la métairie du Conservatoire !... Tout cela est fort connu, du reste, et n'a que l'intérêt d'une redite en faveur de la jeunesse injustement « mise de côté » !...

Les Parisiens se répètent, pendant ce temps, que le théâtre est tout de même un « plaisir fort onéreux » ! C'est très juste, si l'on veut bien songer qu'on leur sert toujours les mêmes pièces des mêmes auteurs, à peine relevées du débile condiment d'un nouveau titre !... Alors, pour se « livrer quand même » à leur plaisir favori, il n'y a pas de ruses que les Parisiens n'emploient.

Il s'agit d'obtenir le « divin billet de faveur », le passage libre, moyennant un droit minime, au contrôle.

Pour y arriver, mille moyens plus ingénieux les uns que les autres sont mis en œuvre. Tout est puéril, maladroit, à côté de cela. Mais souvent, il faut le dire, un billet remis entre certaines mains, court tout Paris avant que de s'arrêter au théâtre. Puis, il y a les boutiques où l'on achète les billets

au rabais : les vrais Parisiens les connaissent
toutes ; ils y achètent même de quoi satisfaire leur curiosité patriotique, à la revue
du 14 juillet. On se demande vraiment alors
quels sont ceux qui payent au théâtre.
Des Parisiens riches sont connus qui font
mille bassesses pour obtenir une loge de
faveur ; ils se disent que, la loge accordée, ils sont considérés comme des Parisiens très avertis, très « dessalés ». Et le
couronnement de tout cela, c'est, n'en
doutez point, le droit aux répétitions géné-
rales !

Car n'avoir aucun droit à y assister, c'est
justement ce qui tente, ce qui excite ! Une
belle salle de répétition générale, c'est un
amas de gens tout à fait en dehors : Parisiens
que toutes les après-midi ou tous les soirs
trouvent inoccupés, vagues journalistes
attachés à des petites gazettes inexistantes,
parents des acteurs et des actrices à la ving-
tième ligne, fournisseurs de la concierge du
théâtre, attachés de sous-ambassades et de
sous-consulats, etc., etc., venus, tous et
toutes, comme à une exécution capitale,
avec des rires bêtes emmagasinés, avec du
fiel plein la bouche, avec du goujatisme
dans tous leurs gestes, — avec enfin tout ce

qui compose l'atmosphère d'une salle bien parisienne !...

La jumelle en main, elle se délecte, la Parisienne, à dévisager aux fauteuils d'orchestre, dans les loges et les avant-scènes, les faces fardées, cimentées, recrépies des vieux gredins de la Finance et de la Politique. Elle revoit les filles illustres bientôt septuagénaires que Paris, vaste Hôtel des Invalides, toujours encense. Elle contemple, près de tailleurs amenés ici par d'intéressées libéralités de publicistes, les vieux pîtres qui farcissent de sottise le Boulevard, des poétesses faisandées qui tiennent de basses rubriques de critique dramatique, des bas-bleus qui dissèquent hebdomadairement l'amour dans les journaux à gros tirage, à gros numéro ! Elle respire de lourds parfums qui luttent contre la puanteur de certaines chairs ; elle se divertit à retrouver, comme dans un jardin zoologique, toutes les formes de nez sur le pareil groin blanchi, comme frotté à la potasse. Ah ! le ragoût de vices et de scandales, de turpitudes et de hontes, qui mijote dans cette cuve, où les plastrons blancs font rougir, malgré le fard, la chair des jeunes et des vieilles femmes, décolletées comme au lupanar !

La Parisienne est joyeuse de le goûter, ce ragoût, de toutes ses narines, et de tous ses yeux. Elle rit quand elle saisit, à l'affût, aux entr'actes, dans les couloirs, un nouveau potin, un scandale, dont le dernier mot n'est pas encore dans toutes les bouches. Et elle quête, et elle va, infatigable chienne amoureuse de l'ordure, fourrer son nez partout et renifler tous les draps.

Les plus vieilles cabotines ne l'écartent même pas. Elle se jette partout avec une ardente avidité. Elle est la vorace chiffonnière de toutes les poubelles théâtrales. Elle est plus heureuse que pas une quand elle peut entrer dans les coulisses, y contempler le troupeau des habits noirs, et se frotter de tout près à eux, et observer ces faces bouillies, ridées, qui colportent les derniers feux de l'esprit de Paris. Et elle exulte et elle vibre, et, passionnément, elle délire !

Aucune pièce dans tous ses détails, aucun rôle, aucun acteur et aucune actrice, ne lui sont étrangers. Elle connaît les amours, les mères, les mœurs, les entreteneurs et les entretenues du monde théâtral. On peut parler devant elle avec des sous-entendus ; elle est au courant ; elle n'ignore rien. Et, mieux que la plus ardente petite provinciale, avec une force encore plus vive, elle chérit les vieux « effets » de Silvain, l' « art consommé » de Guitry, les « compositions » de Gémier, la « diction rocailleuse mais géniale » de de Max !...

Attachée aux fossiles, aux illustres gloires qui font de la scène parisienne une maison de petites sœurs des pauvres, une annexe des « Petits ménages », férue de M. Mounet-Sully comme de Mme Devoyod, elle n'affectionne pas moins, pourtant, les jeunes dindes et les jeunes paons du Conservatoire, ceux et celles que les concours de fin d'année transforment en épileptiques dadais. En un mot, le théâtre, c'est une grosse partie de sa vie ; *c'est sa vie!...*

Aussi, il faut voir avec quelle passion renouvelée, — elle trouve toujours des forces nouvelles ! — la Parisienne accueille les troupes du théâtre étranger, qui s'abattent sur Paris, comme des criquets dévorateurs, dès que la *saison* est commencée !

Elle a une autre tendresse folle pour tous ces acteurs russes, polonais, valaques, chiliens, esquimaux ou belges, qui viennent, avec leurs auteurs, saboter Paris. Toutes les innovations les plus saugrenues qu'inventent les directeurs, les décorateurs, les metteurs en scène de ces gens-là, elle les approuve, elle les trouve admirables, sublimes. Tout ce qui porte un nom en koff, en ki, en old, en va, en zi, la convulsionne. Elle accumule alors les âneries des « communiqués » ; et elle les colporte, avec des mines extasiées, dans les derniers salons, hélas ! où l'on s'essaye à parler !...

En temps normal, dans le train-train des autres saisons, la vraie Parisienne ne manque pas de « voir » aucune pièce dite nouvelle. Mais il y a, cependant, une catégorie gourmée de Parisiennes qui ne *suit* que les théâtres mondains, qui ne les fréquente que par bon ton, comme on doit assister, en somme, à certains offices.

Celles-là sont les abonnées des théâtres officiels. Vouloir les faire suivre les terreurs du théâtre du Grand Guignol ou les essais spirituels du théâtre des Capucines, il n'y faut point songer. Elles acceptent la Porte Saint-Martin avec une pièce de M. Henry Bataille ; la Renaissance, avec M. Capus ; le théâtre Sarah-Bernhardt, si Mme Sarah-Bernhardt daigne y jouer elle-même ! et le Vaudeville avec Sacha Guitry.

Pour ces Parisiennes-là, — les « grandes »

Parisiennes ! — les provinciaux seulement
et les étrangers peuvent se montrer aux
Bouffes, au Théâtre du Palais-Royal, au
Gymnase (sauf quand on y joue Henry
Bernstein) et au théâtre Antoine.

Les pièces des Variétés sont par elles,
bien entendu, ardemment suivies, mais c'est
presque un peu de libertinage !

L'Odéon — pauvre Antoine ! — ne les
tente pas. Cette Comédie-Française des pauvres, cette doublure les déconcerte. Antoine y répète trop ses tentatives infortunées, et, l'on ne peut ainsi lui accorder sa
confiance.

Par contre, depuis bien des années,
M. Astruc les rassemble avec ses ballets.
Nijinski est si troublant et Debussy si en-
chanteur !

Car elles ont des opinions invétérées !

Ainsi, si elles disent goûter Guitry, elles
se détournent de Huguenet, qu'elles jugent
commun. De Max a un rayonnement dou-
teux; mais Albert Lambert a une noblesse
certaine. On ne peut point opposer aussi
Mme Bartet, divine, à Mme Bady, qui a des
emportements vulgaires, Mme Mégard, malgré toutes les réclames, n'est acceptable que
pour la Province; mais Dehelly est char-

mant. Sacha Guitry et Mme Charlotte Lysès, évidemment, sont très amusants; toutefois il ne faut pas en abuser! Jacques Guilhène a une jeunesse tendre; si Mlle Maille est bien insignifiante! — et, ainsi, leur critique continue, sans plus de portée que cela!...

Au fond, le théâtre n'est qu'un moment mondain pour elles. Elles en ont bien d'autres à occuper!...

Music-Halls.

LES music-halls sont toujours très achalandés. On « s'y débride », on y est à
l'aise. Même on y fume, — incivilement,
d'ailleurs. Voilà plusieurs raisons pour leur
prospérité.

Enfin ces Folies-Bergère, ces Olympia et
ces Marigny, ces music-halls gais, colorés et
pimentés, — certes — s'ils n'étaient pas, il
faudrait encore les inventer pour leur
attrait de numéros alternés, pour leurs
lumières, aussi pour leurs aspects de gares
fleuries ou d'entreponts, ces aspects tels que
les précisent les promenoirs, les glaces et
les bars, quand ils sont installés sous de
hautes voûtes, solidement armées de pou-
trelles de fer.

Et puis les sensations certaines d'art que
nous donnèrent déjà ces établissements ne
se comptent plus. Il y eut là de jeunes
forces, d'imprévues souplesses, de folles

habiletés qui étonnèrent; il parut de merveilleux acrobates et d'extraordinaires mimes, et aussi Cavalieri et Otero, si belles, sans vous oublier, Loïe Fuller, fleur dansante, lys multicolore au jardin d'Hespéris!

Music-halls, théâtres-cafés! Oui, l'on y boit et un spectacle se déroule, coupé, varié, comme un cinéma. La place payée, on circule partout; et il n'y a point nécessité de suivre jusqu'au bout et sans délai — si l'on n'en veut point perdre le fil, — une comédie ou un drame dont l'indigence déconcerte. C'est un spectacle sans queue ni tête, puisque tout y est à la fois tête et queue, alternativement et réciproquement; et c'est enfin, si l'on y pense bien, le délassement idéal, la joie brève qui convient à notre immense fatigue.

Music-halls, rendez-vous aussi — aux côtés d'incontestables monstres — de femmes jolies et parées, dans un décor relevé de clinquant, dans une salle pointillée d'or.

La vue en est exquise, et c'est, certains soirs, dans l'unique promenoir des Folies, le spectacle d'amusants maquillages, d'yeux agrandis et fixes, de faces superbement peintes d'icônes.

Sous l'architecture fastueuse et compliquée du chapeau, toutes, jaillies en lignes élancées de la gaine des jupes et de la sangle du corset, ah! le mouvement de leurs bras enveloppeurs et de leurs grâces frêles! La variété est louable de toutes ces filles venues de tous les coins de la France et de la Planète, en hommage au désir de la Ville. Le bouquet est verni, lustré, plus captivant que rien qui soit au monde, alors qu'il se déroule tant d'idées d'amour et de soi-même, d'orgueil de plaire et de triomphe, sur ces visages de galantes érigées toutes droites ou assises comme sur des socles.

Ah! elles sont bien les naturelles « invitées » des music-halls, ces fidèles passantes. Mieux que nous, vous les chérissez, admirables Degas et Forain; pour les « dire » comme vous, il faut, sans doute, les aimer, et aussi les haïr; mettre de la tendresse et de la colère dans l'expression de leurs attitudes; exagérer des déformations dues à d'épuisantes besognes et étudier, sans relâche, dans des jours crus ou sous de vives lumières, cet épiderme qui bleuit et verdit, et exprimer surtout, peut-être, la vanité de l'histrionne et la preste allure de la funambule.

Qui les guette, qui les espère? Prado —
ou Pranzini (elles y pensent toujours,
celles d'aujourd'hui), Pranzini, cet homme
gras et rose, cravaté de façon trop flamboyante et qui étalait précieusement sa
main trapue, aux phalanges cerclées d'or
et de pierreries. Que deviennent-elles surtout ces Jane et ces Renée? Une année les
emporte et les renouvelle, comme, au music-hall, les numéros pareillement se transforment.

Mais le music-hall est surtout d'impression forte, aux fins de soirée, quand la buée
monte, la buée des exhalaisons et de la
fumée des cigares, qui fait tout doucement
de la salle la chambre d'inhalation d'un
réjouissant Mont-Dore.

La voûte alors baisse de plusieurs crans;
les tulipes de l'électricité piquent de leurs
yeux jaunes le brouillard; et cela, tout d'un
coup, donne l'idée d'un paquebot, d'un
dessous de cale, où apparaîtraient des faces
blafardes et comme mangées, et qui mar-
cheraient aux sons de vieux et déments
flonflons.

Car la musique, au music-hall, on ne dira
jamais assez combien elle est appropriée et
ronronnante et gaie. Ah! elle est bien,

cette musique folle, sautillante, alerte ou
berceuse, celle qui convient aux brusques
déclanchements de corps des acrobates ou
aux souples tournoiements des danseuses.
Elle dit à merveille le sursaut des muscles,
le jet d'un enroulement de jambes ou la
grâce apprise et toute poncive des mimes
inférieurs. Elle est inouïe et géniale, certes,
presque toujours ; mais encore comme elle
déconcerte et réjouit quand, pour soutenir
la furieuse claudication d'un clodoche qui
fait le cavalier seul, en écartant à toute
volée ses flûtes, elle détonne et éclate et se
brise dans un fracas de cuivres !...

Ah ! tout cela fait qu'on ne compte plus
les amoureux des music-halls. Ces spectacles remplacent pour nous les jeux du
cirque, à Rome. Nous suivons encore en
cela la tradition.

L'hiver venu, nul endroit n'est plus ac-
cueillant que les Folies-Bergère, de renommée si lointaine et si complète. Le promenoir, surtout, y est ardent, chaud, comme
un mauvais lieu. Sans doute, le souvenir de
feu Marchand, cet exceptionnel directeur
qui nous révéla Otero, Cavalieri, Margyl,
Emilienne d'Alençon, Liane de Pougy, etc.,
etc. — où êtes-vous soirs fameux ? — sans

doute, le souvenir de ce Marchand plane
encore dans ces Folies et les illustre toujours; mais n'oublions pas que les Frères
Isola, ces Parisiens « d'Algérie », si aimables et si charmants, lancèrent, eux, — lancèrent est le mot exact! — l'héroïque et
belle Mauricia de Thiers, la créatrice de
l' « auto-bolide »; et depuis... depuis, les
Folies-Bergère n'eurent qu'à... continuer!

L'Olympia, la création de M. Oller, est
un music-hall plus « ventilé », si j'ose dire.
On s'y sent moins les coudes, on se disperse
dans un trop vaste promenoir, dans un
large couloir de gare. Et sa renommée est
moins fameuse que celle des Folies. C'est,
pour résumer, comme un café au bout
duquel il y a une scène, sur laquelle se
trémoussent des revues à un cran au-dessous.

Mais Marigny constitue, par contre, une
apothéose. C'est le music-hall d'été, troublant, impressionnant, vraiment, par les
beaux soirs qui jettent dans ses trois promenoirs une foule ardente et gaie. Ah! le
soir du grand Prix, à Marigny, quand une
belle fille s'y exhibe, c'est un spectacle
unique, d'un éclat certain! Quelle cohue
de filles, maquillées, fardées, apprêtées,

ornées, parées! Un Paradis terrestre pour
jeunes et vieux messieurs. Des gorges jolies
et des toisons rousses, blondes, noires et
bleues. Et les sourires fleuris, et tous ces
yeux, frangés, velus, — et toutes ces odeurs,
et tout ce musc de la chair qui ne vous
flambe, vraiment, qu'à Marigny, par un
beau soir tout fracassant de lumières et de
musiques!...

. . . .

Music-halls, croirait-on si en dehors de
la vie élégante, quant à leurs « numéros »,
comme on dit en argot de coulisses!

Rien, au contraire, ne se tient comme ces
deux choses. Aux femmes, en effet, qui,
dans les loges, s'exhibent en décolletés har-
dis, correspondent les danseuses presque
nues, qui, elles aussi, sévissent. Celles-ci,
assurément, se disent : « Pourquoi n'ose-
rions-nous pas, nous, ce que ces « grandes
dames » osent si carrément? Et l'imitation
suit, complète. Mais, ô déplorable justice
humaine, il y a des juges pour poursuivre
les danseuses et ces mêmes juges pour laisser leurs femmes, leurs sœurs, leurs filles
s'exhiber... en peau! avec élégance!

ET le tintamarre des orgues et le piaille-
ment des flûtes et les borborygmes des
basses tapageant encore sous les arcs de
lumière, sous les girandoles des quinquets,
et tous les airs des vieilles opérettes, toutes
les valses des « soldats d'Augereau » et
toutes les « Santa-Lucia » qui, ce soir de
juin, et tous les soirs, font virer des manèges, des ménageries de chats, de lapins et
des corridas, dans la cohue de la foule pres-
sée aux reposoirs des tourne-vires, des
théâtres, des musées anatomiques et des
femmes-colosses, c'est la fête foraine qui
bruit, tout le long de l'avenue, dans un
Neuilly sacquebuté, aux volets hermétique-
ment clos, un Neuilly hagard, halluciné, un
Neuilly qui a le mal de mer, qui roule, bal-
lotté, des arènes de Marseille aux ménageries des Pezon, avec Paris aussi, Paris venu
en autos, Paris et ses Parisiennes, tout Paris

accouru là aux parades et aux frénétiques balancements des manèges!

Comme ils sont, en conséquence, fêtés, les plus piètres spectacles, les plus débiles parades! Le plus dénué « entresort » fait recette : on se bouscule devant toutes les baraques, les petites et les grandes : celles qui n'ont qu'un quinquet et celles où des lumières explosent! Danses, tournevires, Mme La Goulue, apothéose du vase nocturne qui tourne, enrubanné, toutes les joies et toutes les ivresses foisonnent. Il fait bon vivre ce soir, et regarder girer sur les lapins ou sur les... génisses (on a la monture qu'on mérite!) les belles filles de Paris, aux toilettes fracassantes, aux chapeaux empanachés de balais fous...

Mais c'est le dimanche, dans les journées des cuisants soleils, qu'apparaît plus pleinement, en un joyeux alignement, toute la non-pareille théorie des jeux, la grosse farce des baraques, le piètre des appeaux, la verve des parades, la puérile ingéniosité des compères, tout le truc bon enfant et plaisant du mensonge, le rire, l'incompréhensible, le benêt, le hue donc! que je te pousse, l'insouciance, la blague du forain.

La journée est lourde, et la foule roule,

en ouvrant béatement les yeux, en gui-
gnant les comptoirs étincelants, porteurs
des cognacs (minces fioles) et des belles
dames-jeannes de l'absinthe.

Et l'hilarité commence :

Il y a des bonshommes peints sur des
planches avec la bouche grande ouverte, en
O très majuscule, pour qu'on y jette dedans
des boules ; il y a des loteries, aux marchands coiffés de superbes bonnets étoilés
ou de farouches chapskas; il y a des tirs
d'où l'on voit sortir le Mikado et le Tsar ;
il y a l'artilleur suant sous un bonnet à poil
du Premier Empire, et en train d'avaler et
de rendre les tubes d'un trombone; il y a la
presse des nourrices et le tournebride des
cuirassiers; il y a les grands singes et les
petits ; il y a l'avenir au bout d'un escalier
aux rampes de cuivre; il y a des musées de
cire et les grands caïmans de Bornéo ; il y a
le vire-vire des pousse-pousse, le macaron
collectif, l'assaut des grâces, la pompe des
ménageries et le sifflet des manèges; il y a
la foule des malandrins, des marmitons, des
villotières, des soldats, des chiens à trois
pattes, des phénomènes qui se balladent,
des badauds qui braient; il y a les panora-
mas et la lune à un mètre; il y a les ventri-

loques, les paillasses et les escamoteurs; il
y a les hommes-nains et les femmes-géantes;
il y a les petits et les grands orchestres; il y
a la fête, la folie, le vacarme, la tempête,
le roulement des tam-tams, le triomphe et
l'apothéose du bouçan!...

.   ..   .

Un autre plaisir de Paris — et d'été : Le
Jardin de Paris.

C'est le cadre joli d'un kiosque à musique
dans quelque ville d'eau, avec un concert
et des danses.

Elles nous ravissent, ce soir, en exemple,
les acrobaties dansées par quatre petites
femmes-chèvres, accompagnées d'une autre
plus petite encore, qui sautent sur la scène.
Cabrioles, sauts de moutons, grands écarts,
elles nous régalent de tout cela avec une
verve vraiment touchante. Comment n'en
être point charmés? et elles ont des fri-
mousses si drolatiques, des gestes si gauches
que l'on a envie de crier; et les jambes trico-
tent, et les bras se balancent, les petites têtes
vont et viennent, comme remontées pour
toujours! Ah! les délicieuses poupées, les
jolis petits articles pour vieux messieurs!...

Tout de même, le meilleur, le plus franc

succès est toujours pour les danseuses du kiosque, pour les braves filles qui perpétuent à travers les siècles le quadrille naturaliste. Pour les voir, celles-là, pour les humer, pour les respirer, et en emporter le parfum jusqu'au fond de sa province, on se presse, on s'attroupe devant la balustrade, et l'on y retient du bec et des coudes, férocement, sa place !

Sous les feux des globes, dans l'haleine chaude du cercle, aux sons d'une orageuse musique, c'est toute la réjouissance des jambes qui gigottent, paraissent et disparaissent dans des flots de dentelles et des remous de linges. Elles vont, elles viennent, amusantes toujours à considérer dans leur mouvement d'abord très doux, rythmique, puis soudainement désordonné, rapide, fourrageant dans le vide, battant une furieuse rémoulade !

Mais on attend l'envol des jupes, tout le paquet relevé sur la rotondité de la croupe, ou la pointe du pied haut dressé, par quoi s'aguichent et s'excitent les « hypothétiques » luxures ! Ces gestes, c'est le suprême ragoût, le piment vif, le poivre qui sacquebutera plus tard les souvenirs attiédis. Certains soirs, alors que des larves de

vice sont écloses dans l'air, on attend mieux,
on veut davantage, on veut ouvrir l'hermé-
tique ! — une couture qui céderait, et ce
serait, oui, tout l'émoi public d'une toi-
son de bête aperçue, enfin, sous la vive lumière, dans les rires et les halètements, plus
encore dans le tohu-bohu de sons d'un quadrille d'*Orphée aux enfers* ou de *Madame
Angot!*...

.   .   .   .

Les « Luna-Park » et les « Magic-City »,
ces toutes petites filles de l'énorme, colos-
sale et féerique plage de Coney-Island, la
plage aux cent mille baraques et attractions,
répondent parfaitement à notre besoin
d'être bousculés, pressés, attirés à droite,
attirés à gauche, et cela sans merci !

Les Parisiennes adorent — écrivons une
fois par semaine — ces foules agitées, bru-
tales, qui les font se jeter, à d'autres moments, dans les cohues des mi-carême ou
des batailles de fleurs ! Puis, ici, les attractions sont également violentes, trépidantes,
et cela leur brise les nerfs, les rend moites
et pâmées. Et d'un toupet !

J'admire fort, par exemple, la belle audace
tranquille et instinctive de cette jeune

femme qui s'assoit devant un clavier, sur lequel elle plaque tout de suite des accords brefs et vifs. J'admire non moins cette autre miss qui vient tout de go chanter, avec la plus délicieuse voix qui soit ! Ce que ces délurées et si fraîches girls se f... des autres personnes qui sont là !

D'ailleurs, l'air qu'elles ont choisi est d'un ragoût ! Au-dessus de l'accompagnement, la délicieuse voix s'amuse, rit, court et gambade tout aussitôt ! C'est preste, joli, déconcertant et d'un pittoresque absurdement coloré ! Parti en air de romance, cela tourne brusquement court et finit en éclats... *mufles !* C'est un air dont les mots sont imprégnés de whisky ou de sherry brandy ; ils sont ivres et virevoltent comme autant de Little Tich ! J'admire la jolie bouche qui leur donne l'essor, qui les jette tout à trac au creux de nos oreilles ! Ah ! ces *dé-ah !* surtout, dont la chanteuse, maintenant, ponctue ses fins de couplets !...

Le Palais de Glace, lui, ne fait sa réouverture qu'en automne ; mais il ne faut y aller que pour patiner, vraiment ; car le premier étage n'y est pas autrement gai — avec son orgue, — et il ne compte guère, le promenoir du bas.

Mais que de Chiliens, de Brésiliens et d'Argentins, — ces Parisiens de là-bas, — lui font un sort, à cette « patinoire », à cause des filles qui y abondent; — et très seyantes dans leurs fourrures, et très amusantes, certes, quand elles glissent sur la glace, seules, ou dans la main d'un professeur qui galantise en faisant des ronds, en se ployant, comme s'il flirtait toujours, ma parole! surtout avec la glace.

Et les skatings n'ont pas tué le Palais de Glace. De très jeunes Parisiens y vont aussi pour considérer avec émerveillement les femmes aimées autrefois de leurs pères. La glace conserve! C'est là que vous retrouverez les demi-mondaines qui furent jolies sous le second Empire!...

Les cafés-concerts, eux, traversent indéniablement une crise. Qui les sauvera? La Scala n'est plus qu'un souvenir, et l'Eldorado est devenu par trop vulgaire! Où êtes-vous Paulus, Paula Brébion, Yvette Guilbert, Anna Held, Polaire, etc.? Mayol a pris un concert; il y est dépaysé. Seuls, par les beaux étés, il faut vanter l'Alcazar et les Ambassadeurs.

Exquis paysages de fleurs et de femmes!

Il n'en est pas ailleurs de plus rares. A la fin d'un bel après-midi, quand le ciel est devenu rose, quand il y a un peu de silence tombé là, ces architectures et ces pelouses — cariatides ioniques sur péristyle dorique et frontons de forme si comique, pelouses des cottages anglais, avec des corbeilles de fleurs, avec la luminosité des tons de nature avivés de la fraîcheur tiède du dais des arbres, — ces architectures et ces pelouses composent un adorable paysage de caractère cosmopolite, à ne savoir où le ranger dans la catégorie des clichés connus, dans le catalogue des paysages poncifs de la Planète, affirment, peut-être, le plus souvent, une architecture d'un Hellespont bouffon, dans des jardins d'Outre-Manche.

Il y a des soirs où c'est la grande parade des filles ; et toutes, si inouïes à les voir en leurs allures superbes de bêtes de la noce, avec leurs merveilles de maquillages, avec de persuasifs sortilèges de gestes et si hautainement impudentes, orgueilleuses tellement d'elles-mêmes, casquées de lourdes toisons et animalement agressives.

Sur leurs nerfs, leurs pauvres nerfs, les musiques promènent leurs archets, font vibrer ces torses, ces croupes si bellement évasées, où il y a des frémissements, des remous, comme des remuements de folies anciennes. Et sur les poitrines, les belles poitrines blanches, s'érige l'impassible rondeur des seins, éperdûment tendus, rigides, — orgueils des actives et stériles amours.

Musique si folle au reste en tous concerts! Ces musiciens dont on ne peut chasser l'idée de consommateurs plaisants qui s'amuseraient à pomper leurs boissons avec des tubes de cuivre et des chalumeaux de bois.

Il faut, certes, retenir leur grave labeur d'aider à la niaiserie des couplets par la niaiserie des airs, par le tonitruant flonflon des basses ou le sifflement aigu des flûtes. Dans les reprises de refrains, surtout, c'est de l'imbécillité qu'ils enfoncent comme des coins dans les crânes, à coups de grosse caisse et de heurts de cymbales. Puis le concert continue avec de la tempête enjolivée de fioritures, avec de la charge orchestre, de l'hilarité entraînante, de la musique retour de fête suburbaine, d'actives, courtes et multiples reprises de tonnerre, avec des couplets scandés, appuyés par des audaces d'instruments, par des sonorités très denses, par des piaillements bien aigres. Et la variété est : les airs se suivent, se mêlent, s'activent ; cependant que le chef d'orchestre, chauve le plus souvent, comme il convient, a sur son crâne la rondelle bien luisante d'un jet électrique, que l'on projette sur la scène...

La Saison à Paris.

ELLE est née, il y a longtemps déjà ; aussi
elle éclate, maintenant, elle picrate de
mai à la mi-juillet ; et pendant cette dure
période intensive, Parisiennes et Parisiens
sont sur les boulets, pour la terminer, la
saison, surmenés, éreintés, fourbus. Seuls,
les directeurs des théâtres dits parisiens,
l'ignorent, ces bélîtres, la saison de Paris.
S'il n'y avait pas la venue obsédante de
troupes plus ou moins impériales et plus ou
moins russes ou laponnes, et votre délicieuse présence, ô Ida Rubinstein, et votre
accablante personnalité, ô d'Annunzio, vraiment qui se contenterait, je le demande,
des vieilles reprises qu'on ose qualifier de
saison Feydeau et de saison Flers-Cailla-
vet ?...

Soit ! les acteurs et les actrices sont donc
à peu près partis, eux, pour écumer des casinos des plages à la mode et les villes
d'eaux ; et, ma foi, à dire vrai, on ne s'aperçoit guère de leur départ ; car les Pari-

siennes et les Parisiens la reprennent alors à leur compte, la comédie ; et quelle comédie autrement dure à jouer, et ce, sans une défaillance et sans en appeler à des doublures !

La Saison de Paris ! Oui, elle ouvre maintenant les yeux tout grands, celle que, timidement, d'abord, Parisiennes et Parisiens créèrent, il y a seulement deux lustres ! Alors, elle bégayait, la saison ; aujourd'hui, elle est lancée dans le monde, — et de quelle façon !

Dès que mai surgit des frimas et des brumes, on s'en aperçoit bien au Bois plus animé, encombré de promeneurs et de promeneuses qui font du footing, qui montent à cheval, qui roulent en automobile ou en voiture. Au sentier de la Vertu, midi, la cohue. Tout Paris-Parisiens et tout Paris-Etrangers défilent, y paradent, y papottent, s'y rappellent leurs mutuelles invitations à des dîners ou à des bals, y préparent encore d'autres rendez-vous. Une fois la mise en mouvement du moteur parisien, rien ne l'arrête plus, les nerfs sont tendus et prêts à tout. Ah ! on peut bien maintenant accepter trois ou quatre invitations pour le même jour, on s'arrangera, on fera en sorte pour paraître et disparaître dans les trois ou quatre salons convenus ! Rien ne semble plus difficultueux ; rien, à la vérité n'est plus aisé ; car la même fureur agite tous les Parisiens et toutes les Parisiennes.

Elles sont même, celles-ci, bien autrement résistantes et prêtes à toutes les bousculades. Car, de deux à quatre heures après-midi, si les amants, les frères et les maris consentent à un repos qu'ils ont bien gagné, elles repartent, elles, elles se remettent en route, et pour quel voyage, grands dieux ! pour celui des essayages, des interminables stations chez le couturier, chez la modiste, chez le bottier, chez le confiseur, chez la fleuriste, et chez bien d'autres encore, chez tous ceux qui tiennent salons et magasins pour halluciner les Parisiennes et les convulsionner !

Oui, de deux à quatre heures, c'est une rue de la Paix engorgée, toute frémissante, où le pacifique promeneur perçoit les gémissements, les grincements de dents, les cris, les attaques de nerfs des essayages. Il n'a que de se hâter vers la place Vendôme, où, du moins, le César, sur la colonne, discipline, semble-t-il, les cris dans les salons des couturiers !

Puis, toujours en coup de vent, énervées,
énervantes, trépidantes, en jetant la dernière recommandation, la suprême prière,
les Parisiennes redescendent ; et les voilà
en route, déjà, à toutes roues, vers les
champs, vers les terrains de golf, la Boulie
ou Chantilly ; vers le Bois ou vers les courts
de tennis, vers les garden-parties, les gym-
khanas ou les bals de plein air...

Et elles sont inouïes, toutes, heureuses,
jacassantes, mêlant les sports et les toilettes,
collationnant en une seconde leurs rendez-
vous, pensant à envoyer demain, ce soir,
un mot au couturier, — oui, un détail, d'une
gravité ! — et quelques-unes s'arrêtant, en
cours de route, un instant, pour un rendez-
vous promis, juré, la veille, dans la loge,
aux ballets russes !... L'amour, aussi, en
coup de vent, sans s'attarder, sans fioritures
surtout, — quelque chose — mais qui ne
comprendrait ? — comme une brève et
nette opération chirurgicale ! On s'aimera
mieux, plus tard, à la mer, sous le coup de
roulis des tziganes, ou, au sortir du bain,
pendant le repos !...

Et Parisienne toujours si excusable, parce
que si occupée !... Aussi, est-ce par minutes
qu'il convient de compter la journée de

la Parisienne, au cours de l'accablante
« saison » !

Elle a encore de multiples courses chez
Marquis Siraudin, son confiseur préféré;
elle a à commander chez Lachaume des
orchidées sensationnelles, dignes de feu
Chamberlain ; elle a à courir tous les thés,
du Carlton au Ritz, et de l'Astoria à Rum-
pelmayer; puis elle doit assister aux grands
concerts, à tous les vernissages des Salons,
aux prédications illustres, aux ventes de
charité, aux expositions à Bagatelle, — aux
mornes conférences, enfin, que lui imposent
Jules Lemaître, Maurice Donnay et Richepin.

Aussi, qui ne la plaindrait, la Parisienne, si l'on ne savait que c'est sa joie,
cette bousculade effrénée des minutes à
employer, à partager entre mille choses,
toutes plus importantes, toutes plus graves
les unes que les autres ! Et elle sait, la Parisienne, qu'elle la doit *tenir*, cette saison de
Paris, — ne serait-ce que pour montrer à
ses amies qu'elle ne vieillit pas, que la fatigue n'a aucune prise sur elle !... et, aussi,
les Maisons de beauté regorgent de ses
pareilles à ce moment de l'année. Il faut
vaincre ou mourir ! Et surtout : peu aimer !
répète-t-elle...

Pour l'heure, les déhanchements lascifs
de Nijinski suffisent donc à la Parisienne et
la contentent. Une petite secousse, un petit
heurt, rien de plus! et la voilà repartie,
sachant déjà où elle va, ayant fait le tri de
sa fin de soirée : souper et encanaillement
à Montmartre, ou un tour de la danse à la
mode; tango, ou pas de l'ours, ou trot du
pélican, ou saltarelle du dindon, toutes
folies qu'elle a apprises, avec quel sérieux!
durant tant d'après-midi, dans des entresols
de l'avenue du Bois!...

De son côté, le Parisien n'a pas moins
de besognes à entreprendre. Polo, tir aux
pigeons, une heure à la salle d'armes, et
son après-midi est vite comblé, avec la
douche et le cercle ensuite... Aime-t-il à
flirter! Il faut alors qu'il hante lui aussi,
les thés des Palaces et les petites tables du
Ritz ; et, dame! c'est sa fin de journée nettement touchée. Il y a bien encore, pour
lui aussi, le tango, pour la raccourcir. Mais
Marcel Boulenger, spirituellement, vous en
fait grâce, ô Parisiens, si vous n'êtes pas
souples et sveltes. Du reste, écoutez-le. Ses
jolis conseils en valent la peine :

« D'abord, dit-il, la cheville et le pied.
Rien de plus important! Vous ne voudriez

pas, je l'espère, offrir en public, sous tant
de regards envieux et déjà hostiles, le travail minutieux et ravissant de vos jambes,
si celles-ci étaient terminées par des che-
villes d'éléphant et de gros pieds obèses ?
Non qu'un tangueur, ni qu'une tangueuse
se voient condamnés au supplice des Chinoises, et qu'il leur faille, coûte que coûte,
exhiber des moignons en miniature : le
grand pied est admis, à la rigueur, mais ce
que nous prescrivons avec horreur, ce sont
des extrémités grasses, massives, gauches...
Vous savez ce que font certains mendiants
sur les places et dans les carrefours popu-
leux : ils comptent attendrir les passants en
leur fourrant sous le nez des infirmités péni-
bles. Est-ce agir différemment que d'agiter,
dans la plus gracieuse des danses, des mollets de pachyderme et de lourds petons
d'ours ? Le pied du tangueur sera donc maigre, et mince comme une tige paraîtra la
cheville de la tangueuse : ou alors, ni l'un,
ni l'autre ne s'en mêleront, et ils feront bien
mieux de jouer au bridge.

« Parlons aussi (continue-t il) du régime
alimentaire : il n'est pas indifférent. Le beau
spectacle, en effet, qu'un monsieur essoufflé,
congestionné, suant à grosses gouttes, et que

sa compagne écarlate en train de détailler
quelque pas, aussi savoureux que celui-ci
puisse néanmoins sembler !... Point de ces
barbarismes ! Des tangueurs auront, s'il
vous plaît, un air de légèreté souriante et
d'aisance parfaite. Une digestion sans le
moindre embarras sera donc de rigueur.
Par conséquent, ils repousseront les mets
trop compliqués, les homards bardés de
piments divers, les venaisons sournoises, les
charcuteries épouvantables ; ils fuiront également les bourgognes éclatants, les champagnes trop secs, tout ce qui anime à
l'excès, tout ce qui empourpre. Il n'appar-
tient pas à des truands de danser le tango :
autant souhaiter qu'un cheval de camion
fasse de la haute école !

« Du reste, nous touchons ici à un autre
chapitre, celui des sports. La plus charmante
sveltesse, la plus heureuse agilité, et beaucoup d'adresse, beaucoup d'harmonie plas-
tique étant de toute nécessité, vous aurez
soin, chers enfants qui prétendez tanguer,
de vous livrer assidûment au plus grand
nombre de sports possible, et principalement aux moins doux, aux moins faciles.
Vous, jeune homme, acquerrez ainsi des
épaules larges, une taille élancée, et vous,

ma petite, deviendrez pareille à quelque
nymphe robuste et fuselée, nerveuse, à une
Diane vivace!... »

Mais voici juin venu, — et, avec ce mois,
éclatent toutes les apothéoses; pétaradent
toutes les fêtes de la saison de Paris !

C'est, en effet, le mois des grandes ventes
artistiques, des batailles à coups de millions,
toujours truquées, à dire vrai ! — entre marchands et amateurs ! C'est le mois des
« grandes comédies et grands bals masqués
pour gens du monde »; — et c'est, surtout,
le mois des grandes épreuves hippiques.
Ah ! oui, tout est *grand* en ce mois, et tout
est digne de ce qualificatif !

Les ventes n'offrent pas toujours des
œuvres exceptionnelles, tant s'en faut ! mais
la réclame a été savamment organisée,
poussée ; et dame ! il faut « qu'elle rende ! »
Alors, on s'ahurit, en contrecoup, — et
M. Peladan, tout le premier — de voir un
Romney, inférieur, faire le prix d'un rare
Rembrandt. Effet de la saison de Paris !

Autre effet : la comédie sévit dans tous
les parcs et théâtres de verdure. Annuelle-
ment, M. de Clermont-Tonnerre la donne
à ses invités, dans son jardin de Maisons-

Laffitte. On écoute, puis on lunche, en évoquant M. de Voltaire, Napoléon et Laffitte le banquier, hôtes de ces sites.

Les bals masqués, les mascarades forment, à leur tour, le plus bel appoint des soirs de la saison. Hier, c'était Mme de Pourtalès qui régnait en organisatrice de savoureux ballets. Aujourd'hui, il y a « carnaval vénitien » chez Mme Fauchier-Delavigne ; « régal d'art ! » chez Mme Ferdinand Blumenthal ; « fête chantante » chez Mme Otto Bemberg ; « spirituelles revues » chez la baronne d'Itajuba et la baronne Gourgaud ; « musique exquise » chez la princesse de Brancovan ; « soirée artistique » chez Mme Henry de Fleurigny ; « bals » chez la princesse de la Tour d'Auvergne, chez la vicomtesse de Mauvry, chez la comtesse Hoquart de Turtot ; « cotillons à l'usage des jeunes filles » chez la comtesse de Caraman, chez la marquise de Bièvre, chez la marquise de Talleyrand-Périgord, chez la marquise de Barbentane ; puis des « goûters » chez la marquise de Courcy, chez la comtesse d'Andlau, chez Mme René Masson ; et, enfin, Mme de Chabrillan convia Parisiennes et Parisiens à la contempler, costumée en Shéhérazade !...

Partout, entre deux départs de Croix-

Rouge (car la guerre — qui l'eût cru? — est une des préoccupations des Parisiennes), partout on danse, partout on chante, partout on se déguise. Tous les acteurs, toutes les cantatrices, toutes les actrices, tous venus de Pékin, de Moscou, de Naples, voire même de Paris, tous et toutes, on les appelle, on les mande. Quelquefois, aussi, maîtres et maîtresses de maison les secondent ; et les journaux mondains, le lendemain, veulent bien mentionner — indulgents mais rémunérés — les « éclatants succès » de « ces acteurs hors les planches! »

« Au surplus, a écrit joliment Gabriel Mourey, qui oserait contester que le goût du costume et du déguisement ne soit une des manifestations les plus plaisantes de cette vertu d'urbanité qui fait tout l'agrément de la vie sociale chez les civilisés d'essence supérieure que nous sommes. J'aime que, quelquefois par an, les hommes et les femmes, dans les relations de qui je passe mon existence, me donnent la jolie surprise de ne plus se ressembler, de s'offrir à mes yeux sous les apparences et la parure de personnages irréels, venus à moi des climats les plus lointains ou des époques les plus distantes, ressuscités pour quelques instants

du mystère des légendes et des mythologies;
évoquant à mon imagination la survivance
d'êtres étranges depuis longtemps disparus...
Les exquises sensations que je leur dois, et
sur quels chemins de songe ils me condui-
sent ! Et en quelles subtiles et complexes
rêveries me plonge leur apparition parmi
les clartés et les guirlandes de la fête, dans
cette atmosphère inusuelle ! Car ils vivent
d'une multiple vie. De leur vie propre, de
la vie contemporaine dont ils continuent
d'être, à laquelle ils n'ont point cessé d'ap-
partenir, et de la vie imaginaire, anachro-
nique du personnage qu'ils ont revêtu, avec
lequel ils ont échangé leur personnalité;
pas toute leur personnalité, une partie seulement de leur personnalité. De sorte qu'en
voyant s'avancer, par exemple, dans le costume chatoyant et précieux d'une princesse
de *Mille et une nuits*, telle ou telle jeune
femme que vous n'aviez jamais aperçue
dans ces atours, vous ne pourrez vous empêcher de la revoir en même temps vêtue du
costume tailleur aux lignes nettes et sobres
qu'elle portait la veille ; les deux images se
superposent et la séduction se double, dou-
blement impérieuse. Celle-ci, la première
image, est celle d'une langoureuse beauté

aux yeux agrandis par le kohl, aux lèvres
peintes, de qui les gestes dégagent des
effluves de parfum, tenaces et violents, de
qui la démarche a les inflexions volup-
tueuses de l'Orient; celle-là, la seconde
image, est celle d'une beauté précise, un
rien masculine, qui foule de ses bottines
aux guêtres de drap, l'asphalte de la rue de
la Paix ou des Champs-Elysées... »

Les jours de grandes épreuves hippiques,
les jours du prix de Diane, du Jockey-Club,
dans le cadre adorablement charmant de
Chantilly, les jours du Grand Steeple, des
Drags, à Auteuil, et du Grand-Prix, enfin,
à Longchamp, révèlent encore la merveilleuse joliesse des Parisiennes, leur gaîté et
leur verve.

Le Grand-Prix! C'est une orgueilleuse
journée de juin. Le ciel est d'un bleu « impossible », un bleu précurseur de « Fête
nationale », accablant et lourd; les arbres,
tous en boule, sont pesants et cruellement
verts; la piste, enfin, où les chevaux vont
courir, est d'une extrême douceur à l'œil;
le soleil brûle.

Le pesage, le pavillon et la pelouse sont
envahis par toute une foule, qui est accou-

rue par les automobiles, par les bateaux,
par les « paulines » et par les fiacres.

Au pesage, les verts, les bleus, les rouges
des fleurs luttent d'éclat avec les merveilles
des couturiers. On a frotté comme de vernis
tout neuf les chevaux alezans et les bai-
bruns. On tourne en rond, dans du soleil et
de la joie d'ardentes couleurs.

Les femmes sont toutes resplendissantes
comme des châsses. Elles marchent, soule-
vant d'une main délicate le ramage des
mousselines, ou, assises, elle font la roue,
certaines d'être quelque chose du spectacle,
mieux même : l'hosanna de cette fête hippique.

De toute la foule, le jockey, à côté
d'elles, seul compte. Il est courte botte ou
trop grandi, simiesque et toujours caricatu-
ral. Quand il va monter à cheval, quand il
a quitté son rigide covercoat, on s'inquiète
pour lui, on s'attend à ramasser le jeu fragile d'osselets dont il est composé : sa tête
si petite, d'aspect si vieillot, ses jambes si
minces ! aussi la surprise est certaine quand,
à cheval, son assurance physique s'établit
de tout son torse bombé, de ses jambes
collées aux épaules de la bête ; mais alors
c'est elle qui a l'air d'être soudainement en

bois et de ne marcher que par à-coups; elle pique et tique, semble ne pas avancer et ne détale vite que sur la piste.

La Parisienne est ici plus que reine : elle est impératrice. Sans elle, en effet, concevez-vous les Courses ? Non. Elles seraient sans faste. Tandis que les chevaux tournent en rond, les Parisiennes tournent, elles aussi, comme de brillantes poupées. Au cheval qui coûte tant de soins et d'argent, correspond la Parisienne dont la parure n'est pas moins précieuse, et dont l'existence n'est pas assurée par une moindre prébende.

Chevaux et femmes ! Le merveilleux tableau ! Nulle serre d'apparat, nuls apprêts de jardiniers orientaux ne pourraient rivaliser avec la corbeille que forment les Parisiennes aux tribunes. Quelle magnificence !

Ici flamboient les blancs les plus aveuglants, les rouges les plus vifs, les jaunes les plus rayonnants, les bleus les plus profonds et les tons capucine et les tons d'amaranthe et d'améthyste ! Il rutile comme une flamme de soleil au-dessus de toutes ces fleurs ; et les yeux sont de velours, et les dents sont luisantes, de jeunes louves, dans cette ardeur de la splendide journée.

Les Parisiennes ! Ah ! vous pouvez les

admirer! Elles sont toutes vibrantes et gaies. Elles sont venues ici pour plaire, pour rivaliser d'intérêt avec les jockeys et les chevaux, qui cependant portent d'imposants paris. Mais ne représentent-elles pas, elles aussi, des fortunes, avec le spectacle de leurs corps sur lesquels on a jeté à profusion des bijoux et de fabuleuses toilettes? Ah! elles sont bien, elles, également des pouliches de luxe!... et si les chevaux sont très regardés, elles pensent bien qu'on les contemple, qu'on les admire!...

Journée des chevaux, journée des femmes! Avec ivresse, elles viennent, celles-ci s'offrir près de ceux-là, joindre leur gracilité à celle des pur-sang; opposer leur joliesse inouïe à la fine et déliée musculature des grands « cracks ». Elles savent bien qu'ici elles sont tout de même, à tout prendre, un peu sacrifiées quelquefois; n'importe, un coup d'œil les satisfait, un propos échangé les ravit. C'est un enjeu pour une plus forte partie, plus tard; c'est une minute qui se changera bientôt en de longues heures; et alors, croyez-le, elles sauront prendre leur revanche, quand elles tiendront bien dans leurs mains cette fois toute la troupe des gens du pesage, tous

ceux qui vivent ou s'amusent des courses,
qui gravitent autour des pistes.

D'ailleurs, voyez-les, dès le retour, alors
qu'elles regagnent, avant de rentrer à Paris
les « Armenonville » et les « Château de
Madrid », où, là, elles jacassent de toute
leur ardeur, et très folles et très désireuses
de triompher très vite.

Elles sont plus « considérables » alors,
plus importantes, plus cyniquement oison-
nes; parce qu'il n'y a plus le prétexte des
chevaux, la raison du jeu. Elles accaparent
alors les hommages, tous les hommages...

Comme elles sont gaminement altières,
la figure un peu lasse de l'après-midi et les
yeux battants de fièvre ! Quelques-unes toutefois sont impassibles, comme si elles
étaient des bibelots attendant sans hâte
l'acheteur. Mais toutes, elles s'évertuent à
parader dans ces restaurants qui les rassemblent; et elles ont des mines attirantes sous
l'abat-jour du chapeau, tandis que les hommes s'efforcent de les faire sourire...

La minute est exquise, d'ailleurs, dans le
brouhaha des voitures et des automobiles
qui arrivent et repartent, dans la chaleur
dorée de la belle fin d'après-midi, — joli
cadre de ces restaurants apprêtés, — coin de

nature qui est bien comme la cage en plein air appropriée à ces Parisiennes...

Il faut les voir se trémousser, agiter leurs plumes, se considérer avec des airs impertinents ou envieux, évaluer le luxe des voisines, fixer des yeux ardents sur un chapeau, sur une main lourdement baguée !

Ah ! l'amusant retour et prolongement des courses !.. Ce n'est pas ce que l'on entend ici qui plaît ; mais ils en racontent de puériles choses, ces yeux illuminés, quelques-uns pourtant si chargés de ténèbres !..

C'est un spectacle qui retient, parce qu'il est un de ceux qui résument presque tous les appétits d'argent, qui font massacre de tant d'existences et de bonheurs ! Sans doute, toutefois, ce n'est point un coin propice pour le rêveur ! c'est, vous le savez, un rendez-vous de boursiers, de gens de courses et d'ambassades, de princes en villégiature ou en exil, de maharadjahs détrônés et de rois bannis. C'est un parterre de fleurs vénéneuses et venues de partout ; c'est Paris élégant, le meilleur choix de sa faune dorée ! Aussi quel curieux spectacle si l'on veut le considérer tel qu'il est, sans plus, ne pas lui demander plus qu'il ne donne, ne voir qu'une réunion de deux ménageries, l'une

subsistant à peu près de l'autre, toutes deux
servies par de ponctuels garçons, sévères et
importants !..

Mieux encore : attendez la fin prochaine
de l'après-midi, les petites lumières allumées
sous les abat-jour, et vous verrez encore
quel tableau composent toutes ces femmes !
Elles sont si innocentes, si niaises, si bien
attelées avec les hommes qui les escortent !...
Innocence parfaite, oui, étonnante sottise,
confiance inaltérable !.. D'eux tous et d'elles
toutes, personne ne voit le danger de se laisser observer par un regard aigu. Rappelez-
vous, en effet, comment tous et toutes posè-
rent devant le caricaturiste Sem.

Avec quel entrain, quel bonheur, quel
ravissement ils se laissèrent, que dis-je, ils
demandèrent à être représentés par le petit
homme glabre qui, parce qu'il tient du garçon d'écurie ratatiné et du saute-ruisseau,
les rassurait. Avec quels gloussements, ils
accueillirent ses prouesses, ses dessins, toutes
les pages par lesquelles il les cinglait, tous
et toutes ! C'était à qui figurerait dans ses
albums féroces et justiciers. O candeur, on
se précipitait pour être cravaché et griffé !..

Voilà un des autres « effets » de la saison
de Paris !

Tous les Parisiens et toutes les Parisiennes ont dans le cœur un vieil amour ; mais il ne sommeille pas, il veille, il rugit : c'est le goût du souper. Il passe même avant tous les autres goûts. Depuis le petit employé qu'un billet de faveur a entraîné au café-concert, jusqu'au monsieur chic qui a offert à quelques amis une loge aux Variétés, c'est une habitude séculaire : il faut souper. « Demis », dans le premier cas, — et champagne dans le second, voilà la différence sociale !... A part cela ils sont tous comme des oiseaux de nuit ; et il leur serait douloureusement pénible de rentrer, dès le rideau baissé, avec la fringale d'un estomac entraîné héréditairement aux charcuteries, encore dans le premier cas, — et aux écrevisses de la Meuse au champagne, dans le second cas.

Les Parisiennes, au surplus, ont toutes des

âmes à la Bovary, avec plus d'envergure, naturellement; mais, toutes, ce qui les excite à souper, c'est surtout ce qu'on a appelé un peu niaisement, un peu falotement: le goût du vice. Elles s'attendent chaque fois à tant de choses, qui, bien entendu, n'arrivent jamais !... Ah ! enfin, se disent-elles, on va voir les actrices souper ; on va les voir si animées, égayant tout le salon ; on va entendre leurs rires, leurs éclats de voix, leurs mots d'esprit, leur cocasse et drolatique façon de composer un menu ; — et l'on se monte, et l'on s'échauffe, et l'on écoute, et l'on entend une des vibrantes héroïnes, quand elle daigne venir, réclamer, d'une voix lasse, un consommé et une eau de Vichy !...

Mais il reste les filles !... Ah ! par bonheur, elles semblent toujours en train, celles-là ! On se répète les farces qu'elles ont coutume de faire, les basses plaisanteries même ne rebutent pas. C'est si drôle, allons, une de ces gotons qui urine dans une bouteille de champagne vide, et qui ensuite apostrophe, engueule le sommelier qui a apporté ce champagne chaud !... Ah ! la fête ! voilà la vraie fête ! On la faisait déjà hier, sans remonter plus loin, chez le père Lathuile ;

et, maintenant, c'est encore à Montmartre, qu'on la fait bien, la fête, dans un chiqué de danseurs et de musiciens, dans un méli-mélo de filles, de cabotes de concerts, de pédérastes et de gousses! Ah! que la Parisienne ici vibre, frétille et s'amuse! Comme elle ouvre tout grands ses yeux et ses oreilles! Il ne faut pas que quelque chose lui échappe. On lui a parlé de lesbiennes, de « barbeaux », de « coquines » et de « combinards », elle veut les contempler tous et toutes bien à loisir, et bien noter dans sa cervelle comment tous ces gens-là sont faits, et comment ils se divertissent. Et elle est charmante encore, la Parisienne, de toute cette ordure dont ses yeux s'emplissent. Elle est maintenant un peu « perdue », elle aussi. Elle sent des chaleurs à ses paumes, sur sa nuque.

Elle admire les musiciens, les soupeurs. C'est sur ses nerfs que les violons jouent de langoureuses valses. Elle défaille ; elle voudrait, à son tour, être prise, être serrée dans une étreinte désespérée, et mourir!..

Mais les danses repartent ; et elle rit de voir les gestes faussement lascifs des danseuses — et des danseurs à têtes de gondoliers. D'autres femmes, à côté d'elle, éclatent davantage de rires convulsifs ou s'abandonnent en d'émouvants attendrissements. L'extra-dry a opéré. On dirait de celles-là que toute leur jeunesse leur remonte du lointain passé. Elles ont, soudainement, de blanches âmes, ces oies durcies. Alors, une gamine, la plus petite des danseuses, rusée, en profite; elle vend très cher des cartes postales à ces cœurs repentis : toute une famille en sera, jure-t-elle, assistée !... et, la collecte faite, elle se rejette, la gamine, aux bras de son danseur, et elle simule le plus furieux enlacement... La Parisienne en exulte; et elle les suit, tous les mouvements, au plus profond d'elle, tandis que les musicanti lui caressent de coups d'archet la nuque !...

Sans doute, on soupe partout à Paris, chez Paillard comme à l'Américain, au café de la Paix comme au café Riche; mais aucun de ces restaurants, l'Américain et Maxim's exceptés, ne donne la joie certaine du mauvais lieu que la Parisienne recherche...

Vivent donc les « boîtes » de Montmartre, toutes rassemblées, toutes réunies ! Là, seulement, — dès qu'elle a mis le pied sur la première marche de l'escalier, où tapage làhaut la fête, — là, seulement, elle sent, la

Parisienne, que tout l'étourdit : les lumières,
la musique, et les soupeurs et les soupeuses.
Et, selon son humeur du moment, elle ira
à l'Abbaye, le restaurant chic, ou au Royal's,
au Pigall's, au Monico, au Rabelais, au Rat
mort ou à la Feria. Veut-elle d'autres sensations spéciales ? Elle choisira Palmyre ou le
Hanneton. Et elle les « fera », tous ces restaurants de nuit, accomplissant à sa façon
une tournée pastorale qui la laissera ravie
et épouvantée de sa peau fripée, de ses
yeux meurtris, de sa bouche un peu déten-
due...

Quel souvenir elle gardera surtout de ces
femmes qui ont formé entre elles ce qu'on
appelle exquisement des « attelages ».

Ah ! les chères enfants qui les composent,
comme elles ont tout de suite la franchise
de leurs actes ! Vous les reconnaissez sans
hésitation à leur mise masculine, à leurs cheveux coupés courts, à leurs cols serrés, à
leurs jaquettes d'hommes et à leurs chapeaux sans apparat.

Entrez dans une de leurs écuries. Vous
êtes surpris par la laideur de la plupart de
ces chipettes. Quelques-unes mêmes sont
vieilles, et elles épouvantent, celles-là, le
plus solide spectateur. Il se dit alors que,

dans les marais, il y a des bêtes puantes moins
hideuses, de moins répugnantes crapaudes.
Et s'il peut assister à leurs ébats, il les voit
brasser des cartes, se faire des réussites et
fumer des cigares. Et ce n'est pas tout! Car,
autour d'elles, toute une troupe de jeunes
invertis, de doux et suaves icoglans, s'en-
lacent et se font des « m'amours ». C'est
Chochotte et Cie ; et, heureusement, *ça* sent
le musc !

Mais considérez surtout les mûres donzelles
qui président aux distractions du lieu. Ah !
celles-là, qu'elles sont inouïes dans leurs
attitudes de mères régentes et quasi sacerdo-
tales !

Une longue chaîne d'or autour du cou
décharné ou copieusement matelassé, elles
sont remarquables par leurs mains étonnam-
ment blanches et douces. Quelles suaves
mains d'évêque ! Et comme les veines en
sont souples, d'un délicat dessin ! Un instant,
vous croyez à l'aventure d'une grande dame
tombée là de chutes en chutes ; et les premières paroles que vous entendez, vous font
penser quelquefois qu'il en est ainsi ; mais
vienne une cause de dispute, alors, tout de
suite, c'est un égout qui vomit ses ordures.

Pendant ce temps-là, dispersés çà et là, les

attelages se tiennent, eux, bien sages, — et
chacun dans son box. O spectacle émouvant!
C'est que chez ces amoureuses femmes, la
jalousie est toujours poussée au paroxysme.
Pour un simple mot, pour une œillade qui
s'est égarée, une terrible rixe éclate, et quelle
rixe ! Mais que la patronne juge bon d'inter-
venir, — d'un seul geste, telle Junon! —
elle apaisera les colères ; et ce geste aristocratique et décisif, elle le tient de la marquise
de B....., cette enragée chasseresse, qui, après
avoir braconné dans les tirés des couturiers
de la rue de la Paix, venait souvent relancer
jusqu'ici quelque gibier nouveau. Honteuse
goule aux appétits insatiables !...

Les Parisiennes, pendant ce temps, regardent, regardent !... Et vous, les chochottes,
et vous, chère Manon, chère Bobette, sau-
rez-vous jamais combien vous faites frémir
délicieusement ces spectatrices, qui viennent
chercher auprès de vous surtout des sensations fortes, des frissons inconnus?...

Il y a un lustre seulement, elles allaient
les chercher aux Halles, ces sensations iné-
dites ; mais les restaurants de nuit, présentement, y sont bien déchus. Et abolie aussi,
cette « tournée des Grands-ducs », sombrée
dans le plus niais des chiqués !

Les bals du Point-du-Jour sont également finis, morts à jamais !... Que Montmartre, à son tour s'assagisse, et ce sera à peu près la fin de tout !... Alors, Parisiennes surexcitées, il ne vous restera plus que les bals de l'avenue de Choisy ou du carrefour des Quatre-chemins, à Aubervilliers, — pour « ne pas vous faire regretter votre voyage ! »

Les grinches au ventre creux en donnent plus, heureusement, qu'on ne leur en demande !.... Ils seront, chères Parisiennes, vos derniers soupeurs !...

Qu'ils l'aient voulu ou non, les Parisiens ont bien été contraints d'y venir, à tous les sports, avec toutes les histoires, tous les conseils, tous les journaux sportifs, toutes les manifestations sportives, toutes les réunions sensationnelles, toutes les apothéoses d'artistes complets et toutes les féeries aéronautiques dont on les a accablés !...

Maintenant, le Parisien qui va faire sa partie de palets à la Bastille, sa partie de boules à Saint-Mandé et sa partie de croquet au Luxembourg, ce Parisien-là fait sourire, s'il n'a atteint l'âge de notre vénérable Galipaux ; et on ne lui pardonnerait pas, en tous cas, d'ignorer le record de l'heure de Jean Bouin, le record d'altitude de Garros et la liste des champions du monde de boxe.

Du sport, le Parisien avoue donc qu'il en fait, — surtout quand il n'en fait pas. D'ailleurs, sportsman il est, s'il tire innocemment

et indolemment sur les ficelles d'un Sandow,
ou s'il fait trempette dans la piscine de son
hammam.

Et, encore, songez à tous les organisateurs
de fêtes sportives qui se révèlent chaque
jour à Paris; — comptez toute la clique des
« promoters », des managers de boxeurs,
de nageurs, de coureurs à pied; comptez
ces « profiteurs », parfaitement fainéants,
du travail des autres; — énumérez les
donneurs de conseils, les « dirigeants »,
comme ils disent! de toutes les sociétés
sportives, depuis l'U. S. F. S. A. jusqu'à
l'U. V. F., en passant par la F. G. S. P. F.
et l'S. A. C. Q. ; et dites-moi si, le total
atteint, vous n'arrivez point au chiffre à peu
près exact de la population masculine parisienne!...

C'est donc un résultat merveilleux, et
dont les « vrais amis des sports », — comme
on dit: les « vrais collectionneurs ! » ou le
« vrai Dumas ! », le « vrai Balzac ! » — doivent fort se réjouir !... Certainement, il se
glisse dans ce goût universel des sports
quelques contingences peu louables sportivement; mais enfin il faut admettre que
nous sommes sur la vraie route, qui nous
fera aboutir dans quelques centaines d'an-

nées au sport pur, c'est-à-dire dégagé de tous les rapaces mercanti qui, actuellement, le salissent !...

N'importe, le Parisien fait donc du sport. C'est un point acquis.

Il en fait surtout pour faire partie d'une commission, pour revêtir un vêtement sportif, pour témoigner de son beau physique. Il en fait aussi pour être décoré. Napoléon n'avait pas prévu ce cas. C'est donc, cette fois, une décoration qui compte double, qui est nouvelle, du moment, bien de son époque, bien grotesque !...

J'ai énuméré, dans un chapitre précédent, quelques-uns des clubs sportifs de Paris. Il y en a beaucoup d'autres. Le principal, c'est que le Parisien qui fait joujou avec une automobile, avec un ballon, avec une bicyclette, avec une épée, avec l'eau, avec des haltères, avec des gants de boxe, avec des avirons, avec un fusil, avec un pistolet, etc., etc. trouve toujours à se caser. Un cercle *ad hoc* est là qui lui ouvre ses portes. Il figure ensuite dans un bel annuaire, au-dessous du nom d'un Président d'honneur, choisi ordinairement parmi les inactifs ou dans un commerce de pétroles.

Dans ces conditions, on le voit, éminem-

ment avantageuses, qui ne ferait pas de
sport ? Cette contagion a gagné même les
acteurs et les actrices, qui se lèvent fort tard,
on le sait, et n'ont ainsi guère de temps à
consacrer au plus léger effort physique.

Cependant, tout Paris se réjouit de savoir
que Paul Mounet « fait » des poids ; qué Des-
fontaines « en fait » aussi, pour engraisser ;
que Dumény adore la pêche !... Pour celui-
ci, vous ne me croyez-pas ? eh bien ! lisez
la lettre qu'il m'a adressée à ce sujet :
« Monsieur, j'ai toujours beaucoup aimé le
sport, j'ai eu de nombreux prix de gymnas-
tique (à vous, Prade, pour l' « athlète complet » !) et j'ai travaillé sérieusement l'es-
crime. Malheureusement, depuis pas mal
d'années, j'ai dû renoncer à tout cela à
mesure que mes occupations devenaient plus
nombreuses.

« Aujourd'hui, mon théâtre et mes leçons
ne me laissent que bien peu de loisirs, je ne
redeviens « sport » que pendant les vacances,
et à ce moment de l'année, je vous avoue
humblement que je pratique avec ferveur
la... pêche à la ligne !

« J'y trouve un repos absolu et un grand
plaisir ; j'adore la chasse et j'ai tué beaucoup
de bêtes, grosses ou petites, mais je vous

confesse que je n'ai jamais éprouvé, même devant un ours en Russie ou devant un sanglier, fût-il des Ardennes, l'émotion poignante que me donne une belle carpe au bout de ma ligne ! »

Et voilà !.. Et Lucien Fugère, et Pougaud et Sulbac, et Noté sont aussi d'enragés pêcheurs ! Et allez donc leur dire que ce n'est pas du sport, la pêche à la ligne !

La bicyclette, après avoir été appelée la « petite reine », n'est plus guère en faveur. Cependant, personne ne « cycle » plus que Ravet, Cazalis ou Victor Henry.

Silvain, lui, canote et jette l'épervier, magnifique comme le divin Neptune lui-même. Levesque, plus modeste, fait des niches à la salicoque. Dranem est le plus illustre de nos centaures du théâtre.

Arquillière enfin — qui l'eût cru ? — boxe. Voici sa « déclaration » : « Mon sport favori est la boxe. Les raisons de mon choix sont au nombre de trois : primo, la salle du maître Leclerc est en face de chez moi ; secundo, la violence de cet exercice en fait un brûleur excellent pour réduire à néant les mauvaises graisses (et qui peut se vanter de n'en pas avoir ?) ; tertio, la boxe préserve de la grippe bien mieux que les spécialités les plus modernes et les plus étrangères. »

Maintenant, le côté des actrices. Ah ! là, Mme Berthe Bady m'a dit, cruellement : « Toutes les actrices qui vous diront qu'elles font du sport ne seront pas sincères. Elles font quelquefois de l'automobile, mais c'est là que, généralement, se bornent leurs capacités physiques. Leur sport véritable, c'est le théâtre et le débinage. Les autres différentes attitudes sportives, c'est pour les photographes et les revues... Le photographe, d'ailleurs, oublie toujours d'effacer le talon Louis XV, qui décèle la supercherie. »

Soit !... Mais mentionnons, tout de même, ces sportives notoires : Mmes Jeanne Rolly, Alice Bonheur, Marthe Régnier et, enfin, jadis, Mme Sarah Bernhardt elle-même, qui fit en ballon une mémorable ascension, qu'elle raconta dans un petit livre intitulé, je crois : *Impressions d'une chaise.*

Et puis enfin, enfin, les vieux abonnés de l'Opéra aussi pourraient protester contre l'opinion de Mme Berthe Bady ; car il fut un temps où tout le corps de ballet était, quotidiennement, juché au Bois sur la bicyclette, alors sport si charmant parce que nou-

veau !... Le moment, d'ailleurs, de ces
« Chalets du Cycle », qui mettaient là-bas,
à la porte de Suresnes, comme des aspects
de laiterie normande, et que tant d'autres
Parisiennes hantaient, avec force tintamarre
de cris, de joyeux appels et de bruyants
flonflons !...

D'ailleurs, elles ne sont pas « évanouies »,
disparues tant que cela, ces « petites sportives », comme on appelait les Parisiennes
au temps héroïque de la bicyclette. Vous
pouvez toujours les voir, les soirs d'été, en
nombre, au vélodrome Buffalo.

Ce n'est pas drôle pour y aller ; mais
quand on y est, on s'amuse toujours du
sommaire campement, des emphatiques
réclames et des furieuses flammes dardées
sur la piste. Et puis, sous un beau ciel de
velours bleu foncé, quel plaisir de les
retrouver, ces petites femmes menues,
divertissantes, qui ont dû naître coiffées
d'une casquette de cycliste, dans une car-
rosserie d'automobile ! Elles ont des yeux
si gais, des gestes si décidés, et elles jacassent avec une telle volubilité, que vous ne
regrettez jamais de vous être aventuré dans
ce lointain quartier.

Car, une fois remontées, ces bavardes ne

s'arrêtent plus ! A dire vrai, les courses cyclistes mêmes seraient monotones si elles n'étaient point vivifiées par le babil suprêmement puéril de ces sportives. Mais pour être renseignées, elles le sont ! Écoutez-les toujours, vous saurez bien des choses, ma foi, très intéressantes ! et ce qu'elles vous en donneront des détails sur les coureurs, même à vous en faire rougir ! car elles la connaissent sur le bout du doigt, si l'on peut dire, la constitution physique de tous les champions de la piste.

Quelles « soiffardes », par exemple ! Aussi, un garçon leur apporte continuellement des citronnades qu'elles pompent du bout des lèvres. Puis, coup de pistolet, coureurs qui tournent dans la grande cuvette, speaker qui annonce des résultats.

Au fond, comme la soirée se déroule dans le clair-obscur, on ne se passionne pas outre mesure... Il faut le répéter, sans les petites sportives, la soirée ne serait pas autrement enviable. Mais elles sont vraiment amusées, elles, et amusantes. *Du haut des virages,* elles interpellent les coureurs et les encouragent ; tellement qu'on joue des coudes pour s'aller placer près d'un groupe particulièrement bruyant. La meute des coureurs roule, s'étire, se groupe, deux pelotons se forment. L'ensemble est joli, s'il n'est pas émouvant.

On se laisse bercer par les cris, et l'on regarde attentivement autour de soi bien des yeux toujours brillants, aussi les petites faces blanches et rieuses, les mains qui s'agitent en applaudissements... Là-bas, de l'autre côté de la pelouse, les têtes, étagées devant les grandiloquentes réclames, apparaissent comme de fantomatiques têtes de massacre. C'est hallucinant, si l'on s'absorbe un instant dans sa rêverie ; mais le moyen d'y rester avec ces orageuses compagnes !.. Voici, du reste, à leur tour, les « brûlots » habituels qui tapagent, grondent, ronflent et trépident. Coup de pistolet encore, et, derrière trois monstres, brûlés au ventre par une double flamme bleue, roulent aussitôt, collés, trois monstres plus petits, obstinés, tenaces... Comme ça, dans la nuit, c'est une ronde du Walpurgis, une randonnée bâclée par trois engins fous qui s'activent furieusement et pétaradent !

Mais la réunion est terminée. Il faut s'en aller ! et l'on s'en va alors dans le grondement des automobiles, les brefs appels des cyclistes, le coin-coin des trompes ; et l'on regagne par les talus la charmante Porte-Maillot où les cafés explosent, où Luna-Park darde ses phares.

Et c'est, cette Porte-Maillot, toute la ville du cycle, et de l'automobile, toujours aussi frénétique, quelle que soit l'heure. Du Bois sortent et bondissent les lanternes vénitiennes accrochées aux guidons, à l'arrière des voitures. Et des cris de camelots et des abois de chiens fracassent, tempêtent, font une sorte de petite kermesse, balancée, secouée brusquement en *ut* majeur par les sifflets des trains de Ceinture, tandis que, dans le Bois, qui les happe encore, s'engouffrent toujours des cyclistes, deux par deux, et des automobiles, ces « gondoles » de Paris !

Alors, comme il faut que le ventre soit satisfait pour que l'amour soit plaisant, c'est l'heure aussi, où, lentement, en file indienne roulent les voitures maraîchères ; les voitures nourricières dans lesquelles, bien rangés, géométriquement disposés, s'étagent navets et carottes, comme des champs de drapeaux, comme des lits de gloire !...

Ah ! les petites sportives de Buffalo, — et les autres ! A dire vrai, elles se contentent, celles-ci, de l'à-peu près des sports, et des « spectacles » sportifs.

C'est ainsi qu'elles furent les assidues du Cirque Molier, aujourd'hui un peu déchu ; et les assidues aussi des grandes courses meurtrières d'automobiles, avant les circuits protégés, — et enfin concluants.

On les voit maintenant aux matches de boxe que le perpétuel chiqué « assommera » définitivement bientôt ; et elles sont très rayonnantes de s'y trouver assises aux côtés de Mme Géniat et de ces autres habitués : André Antoine, Tristan Bernard, Romain Coolus, de Max, et tant et tant ! que l'on n'avait pourtant connus jusqu'à ce jour que comme de très pacifiques Parisiens, peu friands du plus léger horion...

Elles ne « pratiquent » pas, elles non plus, les petites sportives. Elles regardent !

Et il ne faut guère prendre au sérieux toutes les autres Parisiennes, qui vous disent qu'elles font vraiment du sport ! Si ça leur fait tant plaisir, on peut bien prendre l'air de les croire sur parole ; mais, à part certaines d'entre elles assurément éprises de jeux sportifs ; à part quelques admirables amazones, quelques enragées joueuses de tennis, il faut bien s'en rapporter à l'opinion décisive de Mme Berthe Bady, et ne voir surtout chez les Parisiennes dites sportives que des gestes, que des attitudes et que des vêtements plus ou moins fantaisistes pour le plus grand régal des... photographes et de quelques magazines fémina-féministes !

Joueuses de golf, adeptes du footing, amazones, automobilistes, et même aviatrices, toutes, n'est-ce pas, le costume seul vous tente, et vous fait choisir un sport, selon votre taille et votre sveltesse ? Ström et Burberrys vous habillent, d'ailleurs, si bien !

Il y a la « toilette rêvée pour le footing », avec des talons hauts de vingt-cinq centimètres ! — le « sweater » pour le tennis, le sweater « uni ou à rayures sur lequel se détache une pochette ou une régate très colorées » ! — il y a la « tenue cowboy » pour l'amazone ! — la « tenue de bord ; uniforme de rigueur, la vareuse bleue et la jupe blanche » pour le yachting ! — il y a la tenue si complexe pour la golfeuse ! — les tenues d'hiver et d'été pour l'alpiniste ! — la « tenue de vitesse », la « tenue de tourisme », les bonnets, les manteaux, pour l'automobiliste ! Et tout encore, et les accessoires, et tout le reste, et tout cela ! Mon Dieu ! oui, vous êtes charmantes encore, ô Parisiennes, et adorables dans vos nouveaux caprices;

mais, tenez-vous-en là! Laissez le sport aux hommes, le vrai sport, j'entends; aux hommes, aux vilains hommes, aux « poilus », comme vous dites dans votre délicieux et pittoresque langage!...

D'ABORD quel quartier de Paris choisir? Où habiter? Cela ne s'impose point — tout d'abord.

Le faubourg Saint-Germain est bien désuet et bien morne; il ne doit pas être aisé de le galvaniser par une fête, si réussie qu'elle soit. C'est un quartier pour les fossiles aristocratiques, et pour les gens de lettres, vieillots académiciens, qui, comme M. Bourget, ne réclament point un grand faste...

Auteuil?... C'était bon au temps de Boileau et de La Fontaine. Les petites villas y ont été remplacées par de pesants immeubles; et il n'y a plus de jardins.

L'île Saint-Louis, enfin?... Ah! elle était plaisante, jadis, aux beaux jours de Richelieu et de la Grande Mademoiselle!... Son quai des Balcons figurait une petite Hollande se mirant dans une eau bleue. Les hôtels y étaient fastueux et rares. C'était vraiment le cœur et le cerveau de Paris, tout à la fois. On habitait dans de belles et hautes chambres qu'avait décorées Le Brun et Simon Vouet; on passait devant des bustes sculptés par Caffieri et Pajou. Aujourd'hui, l'île majestueuse s'est encanaillée; et l'on a brisé les beaux bustes; et l'on a enfumé les fastueuses peintures. Il ne reste plus rien, plus rien!...

Où habiter alors? Dans quel site de Paris? On ne peut pourtant pas se mêler aux petits bourgeois de Montrouge ou de Plaisance, ou suivre M. Loubet, rue Dante!... Non. C'est M. Fallières qu'il faut suivre! Il a bien choisi, lui! Il s'est installé rue François Iᵉʳ, dans ce VIIIᵉ arrondissement qui est maintenant l'arrondissement chic, l'arrondissement fleuri et enrubanné des grandes fêtes parisiennes. Il a eu du goût, notre ex-Président. Noble arrondissement oblige! M. Fallières ne se promène plus que guêtré de clair et le jonc à pomme d'or en main...

Alors, dans le quartier choisi, élu, il doit y avoir des « intérieurs » charmants, attirants, des « modèles du genre ! » Sans doute, sans doute, mais que j'en ai vu de laids!

Et la faute n'en est complètement ni aux Parisiennes ni aux Parisiens. Car comment auraient-ils du goût, eux, un style enfin, quand, depuis Louis-Philippe, le roi au parapluie, et, bien avant même, il n'y a plus un architecte ! Plus un hôtel digne de ce nom, plus un appartement de style ! C'est-à-dire même qu'ils les ont tous, les styles, dans une folie de la brocante qui dépasse tout entendement. Car peut-on concevoir que les Parisiennes et les Parisiens se jettent avec tant d'avidité sur toutes les choses des temps passés, authentiques ou fausses, nettes ou vermoulues ; mêlant toutes les époques, éperdus devant le déchet le plus abracadabrant et le plus sot? Peut-on les voir, sans rire, installés au milieu de meubles Henri II, Louis XIII, Louis XIV, Louis XV, Louis XVI, etc., etc.?...

Ah ! ce qu'ils sont, tous, la proie des marchands d'antiquités, des fabricants de copies et de faux, ces crédules Parisiens ! On ne peut même plus rire d'eux ; ils tombent trop facilement dans toutes les trappes !... Brunetière pensait que « les Musées eux-mêmes étaient une chose artificielle, une invention de décadence » — et Vincent d'Indy ajoute : « le musée est

une institution bizarre ». Eh bien ! si vous
croyez que ces deux fortes opinions — et
beaucoup d'autres avec — peuvent émou-
voir une seconde les Parisiennes, vous vous
« gourrez » lourdement... Plus c'est un
« musée » chez elles, davantage elles sont
satisfaites !... Et ne vous en plaignez pas
trop, après tout ! c'est quelquefois si risible,
allons ! de détailler une déclaration amoureuse sur un inconfortable canapé Empire !...

Cependant, Marcel Boulenger (et ce spiri-
tuel critique, vous l'écouterez, lui !) trouve
aussi que vous exagérez un peu, Mesdames,
quant aux meubles vieillots et quant aux
bibelots anciens. « Certes, il en faut,
dit-il, mais sans excès : or, vous en fourrez
jusque dans les moindres recoins. La plus
simple maison ressemble aujourd'hui à une
boutique de bric-à-brac ; et c'est plus sale
qu'élégant.

« Il va de soi que je ne m'adresse pas à
celles d'entre vous qui sont milliardaires,
et peuvent se payer à leur gré soit une
tapisserie magnifique, soit quelque somptueux bahut Renaissance, ou un bureau
Louis XV, ou une terre cuite du xviii° siècle.
Parbleu, ce sont là des merveilles, et qui

ornent splendidement les châteaux ou les hôtels auxquels on les destine : il n'y a qu'à admirer et s'incliner.

« Mais supplions les personnes plus modestes de ne pas se laisser tourner la tête et de ne point chercher à se faire ce qu'on appelle une « collection ». Inutile de courir éperdument les ventes publiques et d'y acheter avec furie toutes sortes de vieux guéridons, vieux tabourets, vieux flambeaux, vieux coffrets, etc... Non moins inutile de se ruer dans maintes boutiques étranges, ouvertes sur toutes les plages comme en toutes les villes d'eaux, pour en revenir les mains pleines d'un tas de saletés à demi pourries.

« Qu'est-ce que vous croyez donc faire de vos pauvres appartements avec tout ce fourbi de jadis ? Un petit Musée ? Le logis d'une « artiste » ?... Hélas ! si vous vous figurez que c'est aussi simple, l'art !

« En réalité, vos maisons deviennent des taudis surchargés de vieilleries disparates, de vrais marchés aux puces, et voilà tout.

« Vous agiriez bien plus délicatement en faisant repeindre la salle à manger, qui n'est plus fraîche, ou remettre un tapis dans le salon. Remaniez le jardin de votre

villa, plantez-y deux arbres et tracez-y une
pelouse carrée : cela vaudra mieux que de
placer une casserole Louis-Philippe sur
une tablette Louis XVI, pliant déjà sous le
faix d'une foule de brimborions Empire.

« Et ce panneau, (termine-t-il), où l'on ne
distingue pas un millimètre de mur !... Net-
toyez donc ça et accrochez-y une seule
chose, mais charmante. Pour le prix de
toutes les horreurs qu'on y voit pendues,
vous auriez pu sans doute faire arranger
votre porte d'entrée, qui gondole et ne
ferme plus. »

Soyons juste. Elle fait quelquefois des
tentatives vers le mieux, la Parisienne. Un
matin, au retour d'une visite au Salon d'Automne, ou après la contemplation profonde
de quelques clichés d' « art décoratif »,
reproduits dans une pseudo-revue artistique, la voilà qui réclame les tentures
nouvelles, les meubles nouveaux, les pa-
piers peints au goût du jour, et les mille
accessoires de toilette, de salon ou de
bureau, qui se sont « stylisés » en passant
par Munich. Et elle accroche dans tout cela
des tableaux qui correspondent, qui « s'har-
monisent », des sculptures futuristes et

cubistes... Alors, c'est plus odieux encore,
c'est affreux !... Hier, au moins, elle avait
un intérieur vieillot, poussiéreux, mais qui
répondait, peut-être, à l'image de son ar-
rière-grand'mère ; aujourd'hui, elle est dans
un logis de folle. On rit de son boudoir, de
sa salle à manger, de sa chambre à coucher,
de son salon. Elle seule ne voit pas que
tous les meubles, que tous les barbouillages,
que tous les objets qui l'entourent ont été
dessinés par des gens pris de bitter. Grave-
ment, elle vous cite le nom de l'entrepre-
neur de toutes ces fumisteries. « Il expose
au Salon d'Automne ! » vous ajoute-t-elle,
avec un grand sérieux...

Eh bien, ne rions pas trop d'elle ; car
les collectionneurs sont bien plus bêtes
encore !...

Car enfin, ceux-là, on les mystifie tous
les jours ; on les trompe, on les roule dans
les plus invraisemblables histoires. Dans
leurs vitrines, sur cinquante objets exposés,
il y en a quarante de faux, cinq de copiés,
— et cinq peut-être authentiques, — les
plus laids, d'ailleurs !...

Et ils suivent la mode, les malheureux !
Ils s'exténuent à acheter les choses dont on
ne voulait à aucun prix, hier, et qu'on

« couvre d'or », aujourd'hui ! Ils se sont fait en outre un charabia pour vous présenter leurs bibelots. Vous pouffez de rire en les écoutant. Pour leurs tableaux, même folie : le goût du jour, encore ou plutôt celui du marchand. Veulent-ils vous les faire admirer ? Vous reconnaissez des phrases chipées à Gabriel Mourey, à Vauxcelles ou à Thiébault-Sisson. Chez les Israélites, vous trouvez tous les tableaux consacrés au Christ ; chez les catholiques, de banales natures-mortes. Leur intelligence, à ces derniers, ne dépasse pas cet étiage.

Ah ! comme on les berne tous, tous, les collectionneurs ! Ici, les tableaux sont présentés, comme dans un salon bien tenu, avec une extrême propreté ; là, ils moisissent dans une espèce d'écurie ! Et c'est, peut-être, cette écurie-là, le fin du fin pour duper le collectionneur, ce dindon qui croit trouver souvent ainsi, dans la dite écurie, derrière un amas d'ordures, une toile échappée à la sagacité du marchand !

Ah ! qu'ils feraient bien mieux d'être de mèche, comme on dit, certains collectionneurs et vendeurs ! Il y en a un exemple qui donne des résultats fructueux. C'est celui de cet auteur dramatique fort connu qui envoie, tous les cinq ans environ, à la vente, dans une galerie célèbre, le mobilier et les objets d'art que les marchands lui ont prêtés, dans ce but. Le tout a mûri, a pris de la bouteille chez l'auteur dramatique, qui reçoit beaucoup et fait admirer *ses* collections. On fait la vente au bon moment, et l'on s'arrange ensuite en famille...

Mais il y a certainement des intérieurs parisiens plaisants, — fastueux, — graves, ou d'une intimité délicate !

M. J.-E. Blanche, un peintre sans originalité, mais qui a, je crois, une agréable virtuosité, nous affirme — après avoir fait l'éloge des Américains, qui « arrangent, dit-il, avec un soin tout particulier, leurs demeures » ; — pas les extérieurs, toujours, car la fameuse Cinquième avenue, à New-York, est une honte ! — M. Blanche nous affirme qu'il convient de signaler en exemple l'installation de M. Henry Bernstein. « Ce maître en l'art dramatique, dit M. Blanche, a su ajouter, à ses chefs-d'œuvre écrits, un chef-d'œuvre d'ameublement et de décoration où le blanc et le noir, sans avoir l'air de rien, ont la richesse, la somptuosité du plus ambitieux Louis XIV.

Les laques de Coromandel, les laques anglais du xviiie siècle, les Wedgwood noirs, si rares aujourd'hui, voisinent avec les tissus gris lamés d'argent et les peintures chinoises. »

Parfait ! mais si M. Bernstein a encore ses Lautrec, ses Renoir et ses Bonnard, M. Blanche oublie tout à fait de nous dire quel effet ces admirables œuvres — que certainement il n'aime pas ! — font dans ce décor rare !

Et M. Blanche, de conclure : « Il n'est plus un artiste digne de ce nom, point d'homme de lettres, qui ne préfère à toute autre atmosphère, pour y penser et s'y exprimer, celle que le reposant « noir et blanc » dégage dans un logis. »

Après cette stupéfiante déclaration, il n'y a plus qu'à citer, pour mémoire, la fameuse soirée « noir et blanc » que donna Mme la comtesse A. de Chabrillan. On y contempla — que Jean Lorrain eût donc écrit des choses réjouissantes sur cette soirée ! — on y contempla la *danse du jet d'eau !* de Chopin ; la *danse de la guirlande de roses !! Chrysis chez Pygmalion !!!* — et bien d'autres charmantes mises en scène ! Les invitées portaient des urnes, s'enroulaient des rubans de fleurs autour du corps, ou jonglaient avec des perles, que leur offraient de jeunes icoglans. Et il y avait des orangers, et des grappes qui ressemblaient à des poivriers d'Algérie, et des arbres, tels que des fruits de Camérops. Ce fut, paraît-il, charmant, délicieux !... Aussi, M. Blanche, pâmé, a eu bien raison de dire que, désormais, le « reposant noir et blanc » serait le décor adopté par tous les vrais artistes !...

Alors, qu'attendez-vous donc pour suivre ce conseil Rodin, Degas, Renoir, Claude Monet, Octave Mirbeau, Anatole France et Mœterlinck ?

Après cela, je l'avoue, je n'ose plus citer vos jolis et bien plus sages « intérieurs », ô Géniat, ô Berthe Bovy, ô Diéterle ! Vous aimez, vous, les livres, les beaux tableaux ! Mais cela ne suffit plus ! Si vous voulez « être tout à fait dans le mouvement », il vous faut n'admirer, vous aussi, qu'Aubrey Beardsley, et tenir les Américains, qui ont imposé la mode du « noir et blanc », pour les premiers décorateurs du monde !

Cela, je le sais bien, vous est impossible ; aussi ne resterez-vous que de simples et vraies Parisiennes !...

En attendant l'exode vers les stations thermales et les grands casinos, voici que sur les murs reparaissent les belles affiches de lumière et de joie, les affiches roses, bleues, vertes, et les pourpres et les toutes jaunes, couleur d'or, qui convient les Parisiens et les Parisiennes à gagner les ermitages, les villas colorées et gaies des Villennes, des Vésinet et des Enghien ! Et voici bien — par tant de petits albums distribués en nos demeures — toute l'invitation au départ vers les eaux nacrées, vers les lacs minuscules, vers les jardins émaillés des fleurs du printemps, vers les jardins aux marronniers à clochettes de Manet, de Renoir et de Claude Monet.

Mais déjà, sans espérer de plus décisives objurgations, les Parisiens sont en marche vers les villas Bellevue, vers les pavillons à hauts chapeaux des chalets de la Suisse. En

tous coins, du reste, par delà la zone, soli-
taires ou groupées, ainsi que des gamines
coquettes et joyeuses, les villas reluisent
vraiment de toutes leurs tuiles multicolores, de leurs façades vernissées, de toute
la peinture claire de leurs baies, de tous
leurs épis de bois verni ou de terre cuite
qui paradent, comme des aigrettes, sur la
crête du toit ; — et c'est bien le plus fol et
le plus divertissant spectacle qui soit d'aller
les revoir, ces habitats qui ont pillé tous
les styles, qui mettent sur le coteau ou au
delà d'une pelouse du pompéien sur du
mauresque, du gothique de boudoir sur de
la Renaissance hurluberlue !...

Aussi bien, en tous temps, les villégia-
tures furent chères aux Parisiens. Mais le
cercle des environs de Paris s'est considérablement agrandi, maintenant que la lorette
de Gavarni roule à bicyclette et que le banquier de Daumier roule en automobile.
Foin des Asnières et des Meudon ! On ne se
souvient plus du temps où les excursions à
Montmorency et à Saint-Germain s'accom-
plissaient malaisément en une seule journée ! Ah ! la diligence, la place qu'il fallait
retenir à l'avance et dont on n'était jamais
sûr ! Comme nous avons maintenant pitié,

à travers les estampes anciennes, pour les haridelles que silhouetta Carle Vernet, élégant mais cruel interprète des sports d'hier ! Seuls, les « canotiers parisiens » demeurent immuables, les canotiers que vous avez glorifiés, ô vous, Renoir, peintre de la chair heureuse et des blonds soleils !

Il ne convient pas, d'ailleurs de regretter toujours le temps passé. Nous l'avons, somme toute, fixé sur des toiles, sur le papier, dessiné et écrit ; et, aujourd'hui en une belle journée, nous pouvons voir tant de plaines, tant de sites, tant de visages et évoquer tant de souvenirs !...

Certes, au gré de tous, il faut plutôt louer, de toutes nos forces, les machines, reines de la route ; car c'est grâce à elles que nous avons, après quelques rares pèlerins, découvert des sites charmants, exploré des terres inconnues. Nous sommes tous maintenant des Livingstone et des René Caillié. Dans une belle journée libre, nous nous découvrons à nous-mêmes des banlieues attirantes, des paysages de forêts et de monts, des plaines infinies comme des steppes. Nous revenons au temps de l'auberge sur la route, au temps des rouliers ; nous devenons renseignés en archéologie ; en quelques instants

nous cataloguons enfin les abondants et précieux souvenirs de la première des provinces,
l'Ile-de-France.

Puis, les dimanches, que faire ? sinon
s'enfuir loin des boulevards où des hordes
de gens déferlent. Les courses mêmes, les
ordinaires journées de Longchamp et d'Auteuil, c'est déjà, et tout près de Paris, une
excursion connue ; et c'est aussi un attrait
connu de plaine anglaise, de chevaux vernis comme l'acajou et bondissants. C'est, à
bien dire, ceci et cela, le besoin de fuir
Paris, où, avec les mois de printemps et
d'été, c'est l'invasion des bandes visigothes,
Provinciaux, Suédois et Allemands, vomisse-
ments des sempiternels défilés des voitures
Cook : tout Paris assiégé, violé, aux théâtres,
aux restaurants, aux musées, les filles même
occupées comme aux temps les plus rudes
des expositions universelles, — tout cela
d'après les abondants et précis conseils des
Joanne et des Bœdeker !

Il vous faut donc fuir, Parisiens et Parisiennes ; fuir sans délai ; car, sur les murs,
elles ne mentent pas les affiches roses,
bleues et jaunes. Même, elles ne disent pas
toute la joie réelle trouvée aux banlieues un
peu lointaines ; la bonne volupté des bois,

des coteaux, des forêts ; l'intime contente-
ment à suivre le cours d'une rivière, sous
les colonnades des peupliers ; à revoir les
petits villages monotones, où s'égayent un
toit rouge, une enseigne dorée ; elles ne
disent pas le profitable repos dans des draps
qui sentent vraiment la lavande et l'iris ; et
le réveil, enfin, au chant claironnant et frénétique des coqs !

Et puis, plus et mieux que jamais, M. Baf-
lif vous a dessiné des routes, préparé des
excursions.

Il est, certes, une joie certaine à trouver,
aux carrefours des routes, aux descentes, les
poteaux indicateurs placés là par la généro-
sité des uns et des autres. Les sages conseils
donnés brièvement, c'est un peu des souhaits
de voyage, de longues randonnées menées
à bonne fin. Il vous semble, en lisant chaque
avis, que vous écoutez la voix d'un ami qui
a déjà passé par où vous passez, qui sait
exactement ce qu'il vous doit conseiller ; —
et cela, c'est un viatique moral qui ne vous
abandonne plus, si vous avez la chance de
retrouver dans l'hôtel que vous avez choisi
la chambre préconisée, aux Salons annuels,
par les soins dévoués du Touring-Club.

Mais, il faut bien le dire, si la Parisienne

s'évade — provisoirement —, en attendant l'exode vers la mer, vers les chalets de Trouville et de Deauville, c'est surtout pour retrouver la villa qu'elle a édifiée, en collaboration avec un maître-d'œuvre hilare.

Cette villa, d'ailleurs, représente, nettement, les goûts de la Parisienne pour la campagne. Campagne apprêtée, villa factice. Et certes, de réels wigwams, de vrais arbres, d'humbles fleurs écarteraient à juste raison. Les élégies, les dithyrambes en faveur de la nature ont fait leur temps. Après l'éloge des joies champêtres, les temps du maquillage sont heureusement venus. Les loochs et les laitages plaisent moins que les « stars and stripes » et les « maidens blush »; et, ainsi est le présent goût, on préfère à la redondance des naturels épidermes, l'arabesque d'une véritable Parisienne en « silk et vool satin » ou en « morning-coat ».

Au reste, l'évolution de la Parisienne et de la villa est parallèle. A la Parisienne de ce temps, amoureuse des toilettes compliquées et des parades fastueuses, il faut la case composite, épilée et fardée comme elle. Elle ne peut — pour notre joie tout de même — la concevoir simple et dénuée d'artifices. Il faut qu'elle retrouve en sa villa les coquetteries de ses ajustements, les précieuses ruses de la Mode.

Aussi, des types : le belvédère, le point de vue, la terrasse, la cage aux verres bleus des photographes se retrouvent en toutes les villas. Et cela est toujours peinturluré de façon tendre pour lutter contre les tons impressionnants des arbres. Le temps, la pluie, le soleil se chargent, au reste, de muer les couleurs en des délayages de teintes, en des roses fanés, en ces bleus exquis qui tournent au vert. Et le paysage et l'habitat sont vraiment de joie certaine, quand on retrouve sur le fond rose des murs, des pilastres ioniques ou Renaissance mitonnés dans du jaune d'or, dans du brun rouge, dans du bleu céleste.

La villa de la Parisienne ! Le soleil la pare de facettes multiformes aux changeantes heures du jour. Sous la fourrure des glycines, sous le treillis délié des grimpantes cannetilles, elle s'offre toujours de façon décisive ; soit qu'elle découvre un coin nu de sa gorge ; soit que, sous les flamboyants rais de l'astre, elle s'étire et se pâme, dans son orgueil tranquille de Parisienne dûment célébrée.

Des jours de grands pans de soleil, des

nues irrésistiblement bleues, et les villas luisent et paradent et font la roue. C'est la fête des faïences, des briques et des tuiles rouges — ou émaillées de couleurs inno-mées. Des consoles portent des bow-window pansus, et ce sont barrières norvégiennes, et perrons, et marquises, et créneaux de manoirs romantiques ou, si bellement, ogives des chapelles pour rendez-vous de chasse. Et c'est encore kiosques pour la lec-ture, — la rêverie ! Embarcadères pour les canots, les yoles et les skiffs ! et il éclate que ce soit tout cela la joie des pleins étés et le nécessaire complément des plaisirs ordinai-rement rêvés en ces actuelles Capries.

La Parisienne ! Elle est vraiment l'indis-pensable « invitée », tandis que, gaie d'hu-meur, elle parade dans le jardin, rose et moite, dans de la turbulence de gestes et de la volubilité de phrases.

Joie de son regard, futilité de ses propos ! Cela disparaît, est vite oublié sous l'éclair répété des yeux. Exactes harmonies aussi des costumes, des attifements, du décor et de l'heure. La Parisienne, continuellement, offre au soleil les artifices de ses goûts, l'orgueil de son triomphe. Elle ambule, s'assoit et se berce dans du charme enveloppant de costumes, dans de la recherche active de nuances claires et allègres. Pour sa tâche, amoureuse sans lassitude, elle offre alternativement la joie décidée du rose, la joie d'arrière-saison du lilas, la turbulence du vert, la joie folle du jaune.

Le matin, toutes baies en la villa ouvertes, elle se réveille à l'appel, semble-t-il mécanique, des oiseaux du parc. Et ce sont de longues paresses dans la joie du soleil qui fiche ses flèches dans sa chair amoureuse. La villa, parallèlement, se fait pimpante et s'égaye de ses peintures multicolores, de ses peintures revernies ; et les parfums des fleurs s'épandent maintenant, mélangés de musc, de kiss me quick et de champaka.

Apparat encore des après-midi ! Splendide gerbe de femmes roses, jaunes et bleues, quand elles se promènent sous l'abat-jour d'une ombrelle fleurie, et qu'elles se mêlent vont et viennent, plus éclatantes et plus épanouies que les fleurs, plus attirantes et si gaies, amusées de leurs propos, dansantes sur leurs hanches, ondulantes et faisant crisser les soies des gorges, laissant le sillage de lumières folles, d'impossibles couleurs ; — et si inquiétantes dans le nuage des « white

héliotrope », des « wood violet » et des
« snouw rose ! »

Cortège de Parisiennes inouïes pour les
villas, pour la parure des entours du décor
d'été. Admirables femmes de luxe, heureuses de leur rôle, des airs de manège appris,
de tourner ainsi en rond, — avec des grâces !

Mais elles sont plus splendides encore
quand elles défilent aux villas en escadrons
compacts, de toutes armes, de toutes tailles
et que, cuirassées de mousseline ou à l'aise
dans des dentelles, elles vont, droites, glo-
rieuses, impassibles, l'œil largement ouvert
et fixe. Elles vont, légères, en parade,
remuant le flot des jupes qui bat sur leurs
pieds, finement chaussés de peau glacée, de
frêle vélin blanc.

Villas factices et paysage bouffon. Tout
ce monde s'agite et folâtre — impossibilité
des propos graves — et se divertit.

Sites et villas hurluberlus ; paresses sur
des nattes et longues rêveries ; de la joie
qui entre toujours et sacquebute ces âmes
légères, et les jette en de vains propos, en
des allégresses quasi-perpétuelles.

Tailles exiguës, cassantes, ployantes, gorges élastiques, elles sont, ces Parisiennes, de
superbes inconscientes recouvertes d'étin-

celants organsins. Elles s'irradient et flamboient dans les fleurs du parc, et les éclats les plus vantés des girasols ne les égalent point.

Elles sont la joie, l'unique, de la villa, de la case bouffonne et pomponnée, enrubannée et incitatrice des inutiles propos.

Les décors élus à la mer se retrouvent en ces cases avec le bambou, avec l'emploi du meuble frêle, avec l'amusant ordonnancement d'un camp-volant, rehaussé des monstres si banals présentement du Nippon. Et l'heure des midi, alors que les Parisiennes, dans de la nudité reposée et assoupie, étirées et tout à la songerie des fumées légères des tabacs-foins et pailles, boivent, avec lente gourmandise, les « brandy sling » et les « pineaple julep », c'est l'heure des midi souverains, où le lac proche n'a pas une ride ; où l'ouate des arbres n'a pas un frémissement ; où les villas somnolent, toutes persiennes closes, dans le feu d'artifice des géraniums-bouquets et des lys-fusées.

Mais bientôt une voiture, puis deux, puis trois ; et roule le défilé des charrettes de l'été, des boîtes vernies, bois ou osier : Polo-cab, Stanhope-cab, Epsom-cab, Rallye-cart, Poney-chaise, Village-cart.

Cobs nerveux filent et s'ébrouent, comme brossés à neuf, et les Parisiennes, la main gantée de peau de chien, se roidissent, les yeux rivés sur les oreilles du cob, avec, sur le front, l'ombre douce du chapeau pavoisé de dentelles en point de Venise, en fleurs d'Alençon.

Elles se croisent et se dépassent, se jugeant d'un coup d'œil exercé avec des moues d'exorables gamines ; et, très hautaines, le col tendu, elles s'appliquent à demeurer le fouet haut, immobiles, toutes droites.

La Parisienne, en ces charrettes ténues, singe indéniablement les attitudes de la bête qu'elle mène avec une science si imprévue. Attitudes réjouissantes à reproduire certes, pour sa joie propre, pour le passant de la route, pour le groom, qui, derrière elle, ne bouge d'un pouce, vrillé dans la gaine de ses bottes à revers ; — si heureuse, semble-t-elle, des « fumées » qu'elle laisse, du sillage de désirs qui court derrière elle et la suit, — elle, orgueilleusement fleurie d'une splendide fleur au creux de sa gorge !...

Villas de Paris, villas de Parisiennes ! C'est le printemps venu dans l'âme des

Napées et des Oréades que retiennent les
grandes fêtes sportives, et qui veulent, sans
plus attendre, se gîter dans les feuilles.
Coins de Seine ou de Marne, Enghien ou
Vésinet, quiétude des parcs et des grandes
orgues de sapins, où passent, vêtues de
« otley chêne satin », de « cloyne brocade »,
de « alrome brocade », les Parisiennes.

Mais, quand, dans des clameurs d'enthou-
siasme, la trombe des pur-sang a roulé
devant le wining-post, le jour de la solennelle fête hippique, la mobilisation des
Parisiennes, moins d'une semaine après,
est un fait accompli.

Elles vont à la côte.

Fidèlement et âprement, elles suivent
les chevaux-échassiers, les bêtes luisantes,
pour leur orgueil, pour l'appât du jeu, et
aussi pour la seconde d'émotion que leur
donnent parfois ces sprinters, qui, de toutes
leurs forces, le col frénétiquement tendu,
mènent, sous le fouet, le galop éperdu des
luttes.

AOÛT. La saison est ouverte maintenant à Trouville-Deauville, les deux petites villes que sépare la Touques, exprès, croirait-on, pour les rendre ennemies. Car elles luttent, toutes deux, pour attirer les Parisiennes et les Parisiens, c'est-à-dire aussi le Tout-New-York, le Tout-Saint-Pétersbourg et le Tout-Londres ; — Deauville en se faisant plus coquette avec son nouveau Casino, en se faisant désirer davantage par ses plus riches villas, en se faisant payer plus cher, en accaparant, elle encore, le grand prix hippique d'été... Mais Trouville lutte aussi, se défend, raccroche par son illustre rue de Paris, cette autre rue de la Paix, et par son allée de planches ; et puis c'est elle qui la possède, la plage !... On verra bien !...

En attendant l'issue de cette bataille qui est engagée depuis longtemps déjà, la Parisienne accourt avec tout son bagage de toi-

lettes, de chapeaux et d'ombrelles. Ah !
ce qu'une femme peut, en cette occasion,
en emporter de gracieuses frivolités et de
fantaisies !

Le matin, si, à l'entraînement sur le champ
de courses de Deauville, on peut voir tous
les propriétaires, tous les entraîneurs et
tous les jockeys, au milieu desquels se promène M. Edmond Blanc, monté sur un
petit âne blanc à pompon rouge, — c'est, à
Trouville, par contre, l'heure du bain.

Mais les mondaines n'en sont guère friandes ! Elles laissent cela, comme elles disent,
aux filles et à *ces* créatures d'actrices.
Aussi, celles-ci s'en donnent à cœur joie
pour oser les plus délicieux costumes de
bain. Car il y a une mode des costumes de
bain, comme des chapeaux et des robes...
Ceintures bayadères, d'un ton vif ou faites
d'un pékiné ; cothurnes noirs, hautement
lacés sur la jambe nue ; bonnets en forme
de bonnets hollandais, de marmottes ou de
turbans !...

Il faut, avant tout, parader pour la galerie.

La galerie, ce sont les hommes de tout
âge qui, chiennement, se tiennent rangés
sur la plage, et assistent, jumelles en main,
au plus amusant spectacle de la journée.

Ah ! quelle complice que l'eau ! Ce que, grâce à elle, les flirts y gagnent en passion et en profondeur !

Au sortir du bain, c'est ensuite le moment des toilettes claires et vaporeuses. Et c'est encore une savoureuse vision. Car tous les linons, toutes les batistes, toutes les mousselines, toutes les soies légères et souples surchargées de broderies et de dentelles, toute cette grâce très nuageuse et très enveloppante donne aux plus mûres Parisiennes des allures de jeunes filles. Et leurs chapeaux contribuent tout autant à en faire de charmantes Estelles. O candide poème de la toilette !...

Ah ! certes, on l'a préparée, cette saison ! Pour la pacification du Maroc, on ne fit pas tant d'efforts ! Encore une fois, honorables commerçants parisiens, soyez loués ! Vous avez toujours, avisés metteurs en scène, le dernier mot avec les brebis de luxe !

Je sais : Deauville se rengorge ; mais, j'y reviens : la gloire incontestée de Trouville, c'est la tournante promenade de la rue de Paris aux planches célèbres. Dès leur arrivée on remonte les figurants et les figurantes, et les voilà à tourner en rond, à se bousculer, à se presser, parqués comme des moutons. Monde et demi-monde, cabotins et croupiers, industriels et « faiseurs », peintres mondains et aviateurs, tous ces mondes alors n'en forment plus qu'un, le monde des « snobs », et quels propos, et quels potins et quelle parade ! Coups d'œil exaspérés, sourires, visages baroques, niais, composés, rages, perfidies, quel troupeau ! et la mer reste impassible, ne le vient pas recouvrir de sa nappe toute flamboyante de lumière !...

D'autres Parisiennes, pendant ce temps, sont allées à Dinard, à Ostende, à Arcachon, ou à Biarritz. Biarritz et ses élégances, le Nice de l'Océan. Oui, un Nice encore, où se mêlent de la Grandesse d'Espagne, de la noblesse russe et italienne, de la pairie britannique, et, brochant par-dessus tout, les inévitables milliardaires américains. Fêtes de charité, courses, bals, réunions sportives, links du Golf-Club, soirées au Casino, c'est le train pendant un bon mois pour tâcher de divertir un peu tous ces oisifs !... Villes-courtisanes, qui s'épuisent aussi... comme les filles, et que l'on quitte alors pour en retrouver d'autres, des nouvelles, au hasard des caprices !...

. . . .

Ah ! certes, les Parisiennes et les Parisiens jouent sans défaillance et avec régularité leurs rôles d'oiseaux migrateurs !

Celles et ceux que les plages n'attirèrent point, ou qu'elles ne retinrent que le temps de revêtir quelques toilettes, s'abattent sur les stations thermales, qui ont été heureusement découvertes, — j'ai eu envie d'écrire : fabriquées ! — pour laisser croire qu'elles donnaient enfin le « bon repos », après la terrible saison de Paris !

Sur le conseil des docteurs, on va ainsi à Royat, à Aix-les-Bains, à Cauterets, à Luchon ou à la Bourboule, — et bien ailleurs encore !

Mais, bien entendu, s'il n'y avait pour toute distraction que les prescriptions médicales, la vie ne serait point drôle ; aussi, dès qu'une nouvelle source thermale est « découverte » — on en découvre très heureusement tous les jours, — la Compagnie fermière qui en prend possession et qui *s'y* connaît, édifie tout de suite un casino avec petites salles de jeu et de théâtre, de façon à bien détruire le bon effet de l'eau sulfureuse ou alcaline que personne, du reste, ne consentirait à prendre en toute quiétude.

Et tout le monde, semble-t-il, se trouve

bien de la petite combinaison : la Parisienne,
le Parisien, l'hôtelier surtout et aussi les
cabotines, qui vont « prendre les eaux » en
courant, tout en jouant, le soir, entre
deux entr'actes consacrés au « bac », un
plaisant pont-neuf, une rengaine que Paris,
on pense, a bien dépecé et usé. Mais il est
aussi d'autres joies aux villes d'eaux : je
veux dire les excursions.

Les habitants du pays, bons malins, ont
préparé des sites, ont creusé des grottes, ont
tout façonné enfin pour qu'il y ait prétexte
à louer des voitures ou des guides. C'est,
tout à l'entour de la station thermale, un
truquage soigné et minutieux qui ravit : on
n'a rien oublié, on a mis en valeur le plus
mince point de vue, le plus simple lac, la
plus dénuée *roche des Fées* ou du *Saut du
loup ;* et tout le monde a suivi, car il est
chic, l'on se doit d'aller au restaurant qui
est sur le pic, d'aller excursionner au lac,
qui est « une merveille ! »

Et des mouvements mondains s'agitent.

Il y a pour les stations de villes d'eaux
des hauts et des bas. On décrète que telle
ville est mal famée, et que l'on ne s'y peut
montrer même une heure. Les provinciaux,
les attardés, seuls élisent des villes ou des

villages tranquilles; nos oiseaux migrateurs, eux, prennent le vent, et ils s'abattent tous au même endroit, que l'on a soigneusement préparé, désigné, durant la saison précédente; et du soleil qui se lève et qui se couche, de la beauté des sites, ils ne se soucient guère, puisqu'au bout du compte ils ne sont venus ici que parce qu'il est malséant d'habiter Paris l'été, et qu'enfin c'est une chose bien entendue, bien admise et consacrée, qu'il faut partir, « aller », comme ils disent — « aux eaux »!

Quand ils en reviendront, faites-les parler.

Tous, comme des petits Bœdeker, vous vanteront des sites, vous conteront des prouesses, des excursions fameuses; et ils auront des airs dolents pour vous plaindre d'être restés à Paris : « Par cette chaleur, mon Dieu! comment avez-vous pu faire? »

Mais vous souriez, car vous savez bien que tous leurs propos sont préparés, qu'ils n'ont rien vu, rien retenu; et que, volucres essentiellement hurluberlus et « potiniers », ils ignorent combien Paris est merveilleux et charmant l'été, même quand la Seine, sous les coups de feu d'un cuisant soleil, bout comme une tisane!

Toutefois, ne médisons point en bloc des

villes d'eaux ; car, à bien dire, elles « continuent » Paris, la vie de ses boulevards, de ses cercles et de ses théâtres.

Puis les Parisiennes qu'on y rencontre vous paraissent moins agaçantes, assurément, que lorsqu'elles bavardent dans les loges, un soir de « première ».

Elles prennent volontiers un air attendri, sentimental, qui leur vient, disent-elles, de la nature « si reposante », près de ces montagnes, par exemple, qui sont « de vrais décors de Jusseaume, ma chère ! » — car la Parisienne a la manie de porter partout avec elle le goût du théâtre, au point qu'elle ne peut regarder un pays qu'au travers des décors tout au moins de la saison dernière.

Puis, et c'est surtout ce qui importe, on y fait d' « amusantes » et d' « imprévues » relations.

On ne sait pas au juste à quoi s'en tenir sur les gens que l'on rencontre, mais ils ont tous une façon si cordiale de vous saluer, de vous raconter leurs petites histoires, et, bien entendu, de vous interroger sur les vôtres, que l'on est charmé et que l'on n'en demande pas davantage.

Après tout, si l'on a « gaffé », si l'on est tombé sur un « faiseur » ou sur « une fille qui se tenait », il sera toujours temps, n'est-ce pas ? de « semer » ces relations.

En attendant, on aura fait un peu la nique à la morale ; et les bons instants que ce passe-temps procure sont, on le sait, fort rares.

Autre point capital : les villes d'eaux vous permettent de « sérier » les Parisiennes et de les observer les unes après les autres plus commodément, plus complètement.

Vous pouvez même choisir à l'avance vos victimes. En allant dans telle ville d'eau à un moment déterminé, vous trouvez la Parisienne sur laquelle vous voulez exercer vos investigations à la Sherlock Holmes. Vous pourrez la suivre, l'étudier, vous documenter enfin pour « quelques propos » futurs ; à moins que vous n'ayez l'ambition plus haute de « rassembler » des notes pour un volume sur Mme X... « intime ! » une grande dame, naturellement ; — volume qui, à tout bien considérer, ne sera pas plus inutile et ne contiendra pas beaucoup plus d'inexactitudes que tel ouvrage d'un caractère plus grave !...

Et l'on va à Aix-les-Bains, la reine des villes d'eaux. Les fournées de Rois et d'Al-

tesses y sont abondantes dès le mois de mai.
Henri Rochefort y allait tous les ans, et il y
est mort, dans sa charmante « Villa Surprise ». Nommer tous les fidèles de cette
ville d'eau, ce serait nommer tout le Gotha
et les milliardaires américains et les étoiles
les plus brillantes de notre firmament théâtral. Aix-les-Bains est, certes, la station la
plus aristocratique ; mais ce qu'il y a de
plus fort, c'est que l'on prétend qu'on y
guérit. Je me demande, moi, en vérité, comment, au milieu de tous les divertissements, au milieu de tous les bals, galas
fleuris, galas nautiques, concerts, — au milieu de toutes les fêtes de nuit qui agitent le
Grand Cercle et la Villa des Fleurs, on peut
seulement *espérer* un soulagement !... Avis
tout de même à tous les Parisiens et à toutes
les Parisiennes arthritiques, surmenés, né-
vralgiques, blessés et opérés !

Et l'on se précipite aussi à Luchon et à
Bagnères-de-Bigorre. La montagne encore.
Les Pyrénées. Quel décor, mais quels
monstres aussi trop souvent !

O vous, aimables Parisiennes, voyez en
effet passer les vieilles dames rajeunies depuis la dernière saison de tout ce qu'elles
ont perdu ; Altesses ruinées, gravitant au-

tour de l'arbitre du moment des élégances françaises et littéraires !

Feu le roi Léopold vint souvent à Luchon, et lui succédait Monseigneur le duc d'Alenç..., qui saupoudrait de soufre un multiple eczéma. Hélas! que de mondaines, demi-mondaines, et que de cabotines maintenant qui s'y disputent les louis intermittents d'apoplectiques marchands de vins, la meilleure clientèle du lieu !

On vit aussi à Luchon un poète notoire ; *Et mûr comme un abcès, le bistouri le craint !* — et sa femme, une poétesse, n'était pas moins de choix :

« *Je hais le mouvement qui déplace les lignes ;*
« *Et jamais je ne pleure et jamais je ne ris.* »

Et des groupes d'actrices et de vieilles comtesses promenant en laisse des petits jeunes gens, escortaient ce couple fané, surtout fardé. O splendeur des Pyrénées!

Oh ! surtout ce spectacle dans ce Luchon si humide et si vert, aux glaciers ouatés de vapeurs ; ce Luchon si étrangement japonais et si paysage de rêve ; ce décor de cimes abruptes et de hautes sapinières, où s'échevèlent toujours des nuées qui fument et s'évaporent!

Et que de laideurs, encore !

Près d'un philanthrope et célèbre membre de l'Institut — la célébrité du fils s'est ajoutée à celle du père ! — chrétiens et juifs opulents, tous s'installent à l'hôtel chic de l'endroit; et, le soir, par tes endormeuses et douces nuits, ô Seigneur ! c'est dans les salons du rez-de-chaussée de l'hôtel éclairé à giorno, toutes les fenêtres grandes ouvertes, c'est tout le grand ghetto qui joue à la roulette, et c'est le philanthrope qui la tient, la roulette, et annonce les numéros !

Hélas ! il y a également ici trop de ridicules nobliaux du cru et trop de « grandes dames », dont la jeunesse fut alertement orageuse ! Elles se repentent maintenant en portant le pain à l'église et en s'y confessant dévotieusement.

« Pleine de quant à soi, l'œil à la garde-à-vous,
« Voici passer Madame de la Huppe !
« Elle a de fort grands airs, mais las! informez-vous,
« Dans sa jeunesse elle a joué de la flûte
« Et de maints instruments aux sons vibrants et doux!

Mais je te salue aussi, toi, Bagnères-de-Bigorre ! Douceur et accalmie. Monotone vie et combien délicieuse !

Petite ville que l'on aime pour ses tares,

ses ridicules et jusqu'à ses infiniment petits potins, lancés, alimentés par les deux partis rivaux : prêtraille et francs-coch !...

Ah ! les cabotines encore ici de la dernière roulotte ! Joueuses ravagées et épaves de villes d'eaux !

O Bagnères-de-Bigorre ! Comment, toi, chère ville benoîte et sommeillante, les laisses-tu, tous et toutes, se parquer dans tes désuets logis à toits mansardés, énormes, à galerie-balcon donnant sur des jardins de couvent aux profonds ombrages !

Quel regret que rien ne te protège contre cet envahissement, paysage qui retarde si ingénument ! Et vous, immenses escaliers avec des rampes de bois fuselé, qui empoisonnez le pipi de chat ; et vous, chambres de maîtres qui ouvrez jour et nuit toutes grandes vos fenêtres sur les embaumantes senteurs du thym et de la verveine ; et toi, salle à manger très monastique, carrelage et chaises de paille, — comment pouvez-vous les accueillir tous et toutes, et leur donner encore, à ces masques, la joie d'une eau — et quelle eau ! de la neige fondue — qui se plaint ou chante si délicieusement !...

Et, pourtant, Dieu sait qu'elles ne manquent pas les stations thermales. Rien qu'en comptant celles desservies par le merveilleux réseau P.-L.-M. il y en a plus de cent vingt, — je les ai comptées — et, parmi elles, des notoires, je vous prie de le croire : Allevard, Balarue, Bourbon-l'Archambault, Châtel-Guyon, Divonne-les-Bains, Evian-les-Bains, Lamalou, le Mont-Dore, Néris, Saint-Gervais, Saint-Honoré-les-Bains, Saint-Nectaire, Uriage, Vichy, Pougues-les-Eaux, Thonon-les-Bains, etc., etc...

Et toutes ces stations thermales, et *toutes*, Dieu sait encore si elles sont vantées, prônées, célébrées, par toutes ingéniosités d'une juste publicité, d'ailleurs. Et *toutes*, bien entendu encore, sont chacune à part soi des « perles », comme on dit : la perle des Alpes, la perle de la Savoie, la perle de l'Auvergne, la perle des Pyrénées, etc., etc. Tant et si bien qu'il ne faut plus s'étonner de voir des Parisiens et des Parisiennes qui les « font » toutes, les plages, quitte, n'est-ce pas ? à ne suivre aucun traitement et à se moquer des « pauvres bougres » qui, eux, le suivent sans espoir, le traitement, sous forme de douches, de bains et de ces odieux verres d'eau qu'il faut boire à des heures hélas ! régulières !...

Et ce n'est pas tout. Les infortunés Parisiens migrateurs ne sont pas alors au bout de leurs peines. Car il y a, peut-être plus ou au moins aussi prépondérantes, les « perles » de l'étranger : les Baden-Baden et les Carlsbad, où donnent le ton les Ministres de tous les pays, les augures modernes qui ne peuvent pas, eux non plus, se regarder sans rire, quand ils se rencontrent à la promenade !

Oui, il y a tout cela, tout cela ! ce code mondain effroyablement compliqué ! et dire que les gens de province ne cessent pas d'envier les Parisiens, ces pauvres Isaac Laquedem de la Mode !...

La vie de château et la chasse.

Septembre-octobre. C'est maintenant le départ pour la vie de château et pour la chasse. Moment qui va permettre encore à la Parisienne de nouvelles toilettes et de nouveaux flirts. Puis c'est toute la saison d'hiver à préparer, tout un ensemble de distractions et de plaisirs à organiser ; et, pour cela, les Parisiennes consentent à «se reposer » pendant quelques semaines ; car elles comprennent bien, tout de même, ces charmantes créatures, qu'il faut une trêve dans les occasions de dépenses qu'elles créent à chaque seconde. Et la vie de château apportera, dans sa sotte monotonie, l'économie et la trêve rêvées par tous les « banquiers » ordinaires et extraordinaires.

Ah ! cette vie de château, si bouffonne et si terriblement morne ! D'interminables dialogues — très parisiens — pourraient la commenter, si quelque satiriste voulait l'attaquer avec entrain. Hommes politiques, financiers, romanciers à gros tirage, hommes d'affaires, de toutes les affaires, directeurs de journaux et chevaliers d'industrie, comtes, ducs et marquis et barons et vicomtes, toute la cohue y figure dans la divertissante familiarité de cabotines exaspérées de réclame ; et c'est tous les ans le perpétuel recommencement des mêmes choses...

On réalise des tableaux de chasse sans fatigue, comme sans plaisir. On tue de plaintives bêtes dont les yeux sont certes plus limpides que ceux des chasseurs.

On s'enorgueillit d'hécatombes stupides, de sanglantes prouesses. Et quels propos les célèbrent ! Ah ! le soir, autour de la table, les douces Parisiennes qui écoutent toutes ces sottises que profèrent des groins satisfaits de forbans d'affaires financières, commerciales, industrielles ou politiques !

Et le maître du lieu rayonne de sottise profonde. Parce qu'il est le propriétaire d'un giboyeux domaine, il fracasse tous ses convives de sa superbe et de sa jactance. Comme on l'admire, du reste, pour avoir la joie de revenir auprès de lui, souverain seigneur d'innocents faisans et d'indolents chevreuils !

Mais, le plus souvent, un territoire de
chasse est loué par plusieurs porte-fusils ; et
l'on jette là dedans, avant l'ouverture,
quelques paquets de gibier, qu'il faudra
âprement se disputer.

Souvent, aussi, c'est un Robert-Macaire
qui attire une clientèle, en se disant propriétaire d'une chasse louée, mais qu'il n'a
même pas payée. Et cela, c'est un des côtés
encore amusants de la vie du Parisien, à peu
près dupé partout, et toujours !... Il le sait,
d'ailleurs, et ce rôle ne lui déplaît pas. Il est
si avantageux, son costume de chasse ! Et
son équipement ? Et son chien, quoique pas
entraîné ? Tout cela, et son ventre obèse
et son affection cardiaque, n'est-ce pas
quelque chose ?... A ses propres yeux, oui ;
mais de quel regard, elle le considère, la
Parisienne, guêtrée, équipée, elle aussi,
comme si elle partait pour une chasse au
Groënland !...

Et, en forêt, c'est aussi le moment des
chasses à courre, les hallalis, les massacres
d'un pitoyable cerf par une bande de chiens,
de brutes en uniformes et d'élégantes Parisiennes, les filles, sans doute, de celles qui,
sur la route de Satory, crevaient les yeux
aux vaincus de la Commune !...

Mais, enfin, tout casse, tout lasse ! et la vie de château — et de chasse — « assomme », maintenant, les Parisiennes ; et elles rentrent en hâte afin de... repartir pour ailleurs !...

La Riviera et les Stations d'hiver.

—

Oui, dès que Nice et Monte-Carlo, à leur tour, lui font signe, la Parisienne, cette fois-ci, encore, oublie tout, ne fait pas attendre sa gaie présence d'oiseau, amoureux surtout de son monde ! Elle part, parce qu'il est nécessaire qu'elle se montre sans tarder sur la Riviera, — qu'elle en soit la figurante la plus fidèle et la plus zélée !...

Tradition encore, — et toujours ! Oui, dès le moment venu, il est coutume de partir, comme les années précédentes, — et de crier partout qu'on en a déjà assez de l'hiver, du froid, de la neige et de la pluie, quand il est possible, à quelques centaines de kilomètres, de retrouver l'« éternel printemps », la mer si amoureusement belle, les fleurs radieuses et « tout le poème, enfin, de la Riviera ! » Ah ! cliché adorable, que, seules, quelques enragées ne convoitent pas ; car elles vont celles-là plus loin, en Egypte, au

Caire, tellement elles l'ont gardée, la hantise des âniers de la dernière Exposition ; et elles ne peuvent penser sans frémir aux beaux soirs des samedis et des lundis de l'avenue de Suffren, quand, sur les bancs, partout, elles s'affolaient d'une juste réputation vérifiée, qui poussait aussi quelques tragédiens — le grand art déforme les mœurs ! — à hanter les coulisses d'un théâtre du cru.

Nice ! Prétexte aussi à d'autres toilettes, claires, vaporeuses, quitte à les recouvrir de fourrures ; car il est si inquiétant, ce climat de Nice !

Ah ! ce départ de Paris dans le rapide « Côte d'Azur », quel émoi ! C'est encore ici un salon où « elles » se rencontrent toutes ; car, ceci est manifeste : plus les Parisiennes voyagent et davantage elles se retrouvent ; ce qui explique que leurs petites cervelles soient faites toutes sur le même modèle et que leurs goûts soient si exactement pareils.

Des parapluies à Paris, des ombrelles ici, c'est cela tout d'abord qui les surprend toujours et les frappe ; et c'est cela qui dure ! Le soleil, la mer, les montagnes, oh ! ces décors ont beaucoup moins d'emprise ; et c'est presque vainement que l'unique paysage rutile de toutes ses couleurs et de tous ses feux.

Et, pourtant, quelle apothéose ! Souvenez-vous du trajet Toulon-Nice, au bord de la mer changeante, capricieuse, qui se cache, disparaît encore pour se montrer plus loin, plus désirable et plus merveilleuse ! Ah ! toutes les émouvantes villes vertes, bleues, jaunes, pins, mimosas et rouge éclatant des rochers de porphyre : Saint-Raphaël, Boulouris, Agay, la Napoule, la Bocca, Cannes, Antibes, Cros de Cagnes, comme vous nous chantez la pénétrante amertume des regrets, quand nous songeons à vous, pittoresques petites cités, enfouies, coquettes, toutes vibrantes dans l'exubérante flore des paysages méditerranéens !

Mais l'arrivée à Nice les préoccupe, seule, les Parisiennes. Elles ont à retrouver leurs aises de l'année précédente, les hôtels ou les appartements que de rusés commerçants leur ont préparés, et cela, c'est la chose considérable et la seule importante.

Puis elles se rassemblent sur la promenade des Anglais. Fardées, maquillées avec adresse — cette lumière est si crue ! elles

pépient de joie de se grouper encore. Et de
quels yeux ardents, « acérés », elles se considèrent l'une l'autre ! Ah ! des pouliches,
au paddock, ne sont pas examinées d'un
œil si sévère ! Et la férocité de ces mignonnes
Parisiennes se manifeste encore dans les
cruelles répliques qui griffent et élargis-
sent la plus légère blessure.

Elles ne se quittent plus, d'ailleurs, pour
s'observer toujours. Il faut être là pour
remarquer la première tare, pour la souligner et, bien entendu, l'aggraver. Aussi,
dans les mêmes restaurants, toujours par
groupes hostiles, elles se rassemblent,
comme elles se réunissent toutes sur l'hip-
podrome du Var, aux sons d'une musique
militaire qui flonflonne en leur honneur.

Car on les choye ici, les Parisiennes. Oui,
voici pour elles régates et fêtes nautiques,
avec galanteries et flirts des officiers de
marine français, américains, anglais ou
russes ; et l'on sait si bien la célébrer, la
véritable entente internationale des sexes !

Mais, vous aussi, batailles de fleurs, vous
êtes ardemment fêtées ! car vos bannières
signalent celles de ces Parisiennes qui attendent de la saison niçoise de riches dépouilles. Ces drapeaux mettent en valeur,

dirais-je, dans un cadre embaumé d'œillets, de roses, de violettes et d'orchidées, les Parisiennes amoureuses, « celles qui ne perdent jamais leur temps »; et c'est une chose délicate et charmante que ce choix de fleurs de chair au milieu de toutes leurs sœurs aux pétales multicolores et veloutés.

Ah ! Nice-proxénète, que de folies tu abrites !

Ton carnaval encore est une invention ingénieuse pour débrider les désirs. Car, pendant ces jours-là, c'est bien toute une ville toquée qui s'ébat dans la pluie des confettis. Que de luxures sous les dominos, sous tes masques, dans la cohue de la populace et celle aussi de tes redoutes !

Frôleurs des grandes foules parisiennes, l'on vous retrouve alors, mais avec une imprudence ingénue, avec une liberté plus souriante ; et le vif soleil excuse tout, explique tout, jette dans vos bras un adolescent à chevelure de femme, ou une vieille fille qui recherche l'aubaine pour elle à coup sûr frénétique d'un viol.

Mais tes bars, aussi, Nice-proxénète, sont achalandés de foules cosmopolites et ardentes.

Américains, Anglais, Russes et Allemands

principalement s'y coudoient sans orgueil ; et, surtout, achève de s'y décomposer tout le lot des princesses que la Russie elle-même rejette.

Elles sont, ces toquées, divertissantes et tellement cyniques. Hiver comme été, elles sont toujours là, ces vieilles montagnardes de la chanson, et montagnardes précisément, car dès que les régiments alpins partent en manœuvres pour Peira-Cava, elles se mettent aussi en route et escortent avec entrain officiers et soldats. Elles sont les chiennes des régiments ; elles les suivent et les pourchassent, au bruit des canonnades et fusillades, jusqu'au plus haut des montagnes abruptes, droites comme des murs et comme sculptées de géantes figures de dieux et de titans. Avec la mer au fond, c'est un décor eschylien, dont elles ne se soucient guère, les ardentes chiennes qu'aucun mâle ne désire plus et qui en dessèchent.

Et pourtant il manque d'autres femmes à ces quinze cents mètres d'altitude ; les servantes de l'hôtel ne suffisent pas, et l'appétit se fait âpre dans ces forêts de sapins toutes embaumées et dans ces clairières gonflées de fleurs.

Mais les soldats et les officiers qui cavalcadent encore auraient honte de prendre ces laissés-pour-compte de l'amour ; et ils se contentent, faute de mieux, de parler entre eux jusqu'au moment où l'artillerie les réclame à grands coups terribles.

Pauvres vieilles amoureuses, dont sourient les Parisiennes ! Redescendez plutôt dans les bars. Là, les désirs s'allument mieux devant vos sacs gonflés d'or ; et il y a tant de croupiers et de maîtres d'hôtel sans emploi !

Enfin, vous êtes le meilleur appoint des soupers auxquels vous conviez les jolis garcons, racleurs de mandolines. Vénitiens et Napolitains, bellâtres de l'Italie, jouez, jouez donc toujours, langoureusement, voluptueusement, *agitato*, *amoroso*, *appassionato*, vous dis-je, les vieilles princesses vous regardent, vous guettent comme des proies, et, tout à l'heure, elles vous dévoreront dans les cabinets particuliers, à la barbe des lords et des grands-ducs, qui vous chérissent aussi, jolis garçons aux lèvres trop rouges et aux yeux trop noirs !

Ces jeunes musicanti, sont-ils assez adroits et connaisseurs ! Ah ! leurs clients et leurs clientes, ces « poires ! » Valse lente ou hymne national, chants d'amour ou de colère, cris épileptiques ou caresses endormeuses, comme vous égrenez tout cela, ô ingénieux italboches, maîtres de la passion !

Et aussi que d'orgies vous rythmez et dosez, ô cruels virtuoses ! Vous ne les comptez plus, les folles qui se traînent tout près de vous, les jambes serrées et les yeux chavirés !...

Mais que serait Nice, sans Monte-Carlo?... Le voilà, le véritable Eldorado, le vrai Eden dans le plus admirable et le plus parfumé décor qui soit.

On l'atteint par la plus splendide aussi et par la plus pittoresque de toutes les Corniches. Merveilleuses baies, terres enchantées de Beaulieu et de la petite Afrique, il n'est point possible de vous retrouver ailleurs, en quelque lieu que ce soit. Végétation luxuriante, fleurs de rêve, épanouies en gerbes et en panaches de triomphe, qu'elles sont attirantes encore les villas qui s'alourdissent de volupté au milieu de tous vos parfums !

Monte-Carlo, tout le luxe, toutes les apothéoses, et ainsi tout le Paradis du monde !

Quel enchanteur a organisé là tant d'attractions miraculeuses : les splendeurs du plus fastueux Casino, les jardins les plus fabuleux et ces terrasses qui dominent cette mer orgueilleuse, outremer serti d'émeraude et frangé de nacre !

Monte-Carlo ! But de tous les désirs, prometteur des plus entières félicités, la Parisienne s'y trouve, ici encore, la naturelle invitée ; la Parisienne, cette joyeuse hurluberlue des voyages, cette fantaisiste évaporée des sleeping-cars, cette petite sainte des Palace-hôtels !...

. . . .

Puis, voilà que d'autres choses la sollicitent déjà, cette poupée qui tourne à tous les vents ! .

Oui, c'est maintenant le départ pour Chamonix, pour Saint-Moritz, pour Davos ; car elle est aussi férue des sports d'hiver, la frêle femme qu'enthousiasment les grandes courses le long des pentes neigeuses. Et le costume encore joue ici un rôle si attirant !

Vêtue comme un homme, le bonnet blanc contenant tous ses cheveux, avec quel entrain elle s'élance, se divertit, s'attarde aux jeux du skeleton et du bobsleigh !

Quand il y a foule pour l'admirer, elle brave le froid et tous périls, tente frissonnante des virages et des rampes dévalés à toute allure, elle si éperdue de la neige qui lui jaillit au visage, qui fixe des mouchetures de cygne, comme du sucre, sur les fraises de ses joues et de sa bouche.

Et, avec ces jeux-là, on peut si bien le laisser, enfin, en plan, en rade, le lourd compagnon, l'odieux mari, le ridicule amant que le danger effare ! Que d'heures libres sur la belle neige, rose et bleue, si tendre, oui, si délicate sous les rayons du soleil !...

. . . .

Mais, hélas ! demain, ce sera le retour à Paris, pour... le recommencement !...

www.ingramcontent.com/pod-product-compliance
Ingram Content Group UK Ltd.
Pitfield, Milton Keynes, MK11 3LW, UK
UKHW022326090726
13658UKWH00001B/102